# A ESCADA DE RAMBAM

JULIE SALAMON

# A ESCADA DE RAMBAM

Tradução
Vera Maria Marques Martins

EDITORA BEST SELLER

CIP-BRASIL. CATALOGAÇÃO-NA-FONTE
SINDICATO NACIONAL DOS EDITORES DE LIVROS, RJ

S153e

Salamon, Julie
A escada de Rambam / Julie Salamon; tradução Vera Maria Marques Martins. - Rio de Janeiro: Best Seller, 2006.

Tradução de: Rambam's ladder
Inclui bibliografia
ISBN 85-7684-042-1

1. Generosidade. I. Título.

05-4126. CDD 177.7
CDU 177.7

Título original norte-americano
RAMBAM'S LADDER


Capa: Carolina Vaz
Editoração eletrônica: Futura



---

Impresso no Brasil

ISBN 85-7684-042-1

Para os homens e mulheres do
Bowery Residents' Committee

# SUMÁRIO

# A Escada da Caridade

8

RESPONSABILIDADE

O topo da escada pertence à dádiva da auto-suficiência. Doar algo a uma pessoa, fazer-lhe um empréstimo, entrar em uma sociedade com ela ou encontrar-lhe trabalho, de modo que ela nunca mais precise voltar a pedir.

7

ANONIMATO

Fazer uma doação a quem não conhecemos, e fazê-la de modo anônimo.

6

CORRUPÇÃO

Fazer uma doação a alguém que conhecemos, mas que não sabe de quem está vindo a ajuda.

5

LIMITES

Fazer uma doação a alguém que não conhecemos, mas dando permissão para que nosso nome seja revelado.

4

VERGONHA

Dar dinheiro aos pobres antes que eles nos peçam, mas correndo o risco de que se sintam envergonhados.

3

SOLICITAÇÃO

Dar dinheiro aos pobres depois que eles nos pedem.

2

PROPORÇÃO

Dar aos pobres menos do que seria apropriado, mas fazê-lo com alegria.

1

RELUTÂNCIA

Doar de má vontade.

# INTRODUÇÃO

Pensamos muito sobre o motivo pelo qual as pessoas são más. Mas o que também nos deixa perplexos, talvez mais perplexos ainda, é a razão pela qual elas são boas. Existem várias explicações óbvias: sentimento de culpa, remorso, predisposição genética, exemplo da família, instrução religiosa, medo da desaprovação social ou, indo ao extremo, pavor de uma condenação eterna. Mas por que, no caso de certas pessoas, é preciso um cataclismo para que se tenha uma reação caridosa, e por que outras levam a mão ao bolso automaticamente, quando vêem um pobre sem-teto aproximar-se? Que tipo de doação satisfaz a necessidade de um determinado doador, e de onde vem essa necessidade? Quais são as regras?

Eu costumava acreditar que doar era algo natural. Cresci em um dos lugares mais pobres de Ohio, numa cidadezinha da zona rural em Appalachia, onde meu pai era o único médico. Pelo que sei, ele nunca se recusou a tratar um paciente que não pudesse pagar, e poderia enumerar várias categorias de pessoas que estavam proibidas de lhe pagar, como, por exemplo, professores e pregadores religiosos. Descreveria minha mãe como generosa, mas prática. Ela aprecia que suas doações sejam compensadas por uma dedução no imposto de renda. Meu próprio impulso de doar é formado por várias camadas que se erguem sobre uma sólida base de contrição. Tenho sentido necessidade de retribuir pelo fato de ter sido criada sem dificuldades financeiras em uma comunidade pobre, e por ser filha de sobreviventes do Holocausto, de quem quase tudo fora tirado, mas que conseguiram fazer com que eu nunca passasse nenhuma necessidade.

Assim, durante toda minha vida, tenho trabalhado como voluntária numa coisa ou noutra, começando em um hospital, ainda na adolescência. Não questionava demais meus motivos, ocupada com a família e com o trabalho, mas confesso que me sentia ligeiramente superior a pessoas que se recusavam a doar seu dinheiro ou seu tempo. Ficar tão convencida a respeito de minha própria generosidade provavelmente redundaria em castigo. Mas eu não esperava que essa opinião a respeito da pessoa que eu era, juntamente com muitas outras, fosse testada com um golpe severo, capaz de mudar minha vida. No entanto, foi o que aconteceu, quando terroristas atacaram o World Trade Center, a mais ou menos um quilômetro e meio de distância de minha casa.

No dia 11 de setembro de 2001, não senti nenhum desejo de doar sangue, fazer sanduíches ou ajudar na busca dos desaparecidos. O desejo que me consumiu e que tomou conta de mim não foi altruísta, mas maternal — e eu só queria manter meus filhos perto de mim e, de algum modo, protegê-los. Não era errado eu sentir o impulso de protegê-los, mas mesmo assim julguei-me egoísta.

Talvez tenha sido porque meu marido havia entrado em ação — ou pelo menos havia tentado. Ele foi doar sangue, mas decidiu voltar mais tarde, pois havia muita gente doando. Apareceu no Javits Center, num triste dia de chuva, para alistar-se em um dos grupos de resgate, apenas para perceber, com grande frustração, enquanto olhava a longa fila de operários musculosos, que seu trabalho atrás de uma escrivaninha não o preparara para aquele tipo de tarefa. Pegou um folheto em um restaurante, um quarteirão abaixo de nossa casa, que estava organizando um jantar beneficente para levantar fundos para as vítimas, e demos um cheque, mas não comparecemos ao jantar.

Mais tarde, lutando para recuperar o equilíbrio, eu me lembrei de uma história que uma vez minha mãe me contou. A Segunda Guerra Mundial acabara recentemente. Ela estava com 22 anos e morava em Praga, depois de ter passado o ano anterior em Auschwitz e em um campo de trabalho. Como falava diversas línguas e era uma pessoa ativa, incansável, conseguiu emprego em uma instituição de caridade que doava roupas recebidas dos Estados Unidos aos refugiados, principalmente judeus libertados dos campos de concentração. Gozou de alguns privilégios, entre os quais: um apartamento, que ela imediatamente encheu de parentes e amigos, e o direito de uma primeira escolha de roupas. Em pouco tempo, ela se transformou, deixando de ser uma coisinha esquelética e maltratada para se tornar uma moça chique.

O trabalho de minha mãe exigia que ela fosse aos campos de refugiados para verificar suas necessidades. Em sua primeira visita, olhando para as pessoas que precisava ajudar, ela foi dominada por pensamentos nada caridosos. Na verdade, sentiu nojo. Seus "clientes" eram sujos, ainda cobertos de trapos, macilentos. Ela queria ir para longe deles o mais depressa possível. Depois, sentiu vergonha, percebendo que seu nojo era o mesmo que os guardas nazistas deviam ter sentido por ela em Auschwitz, uma garota suja, maltrapilha, patética.

Toda família tem suas histórias, e na minha elas se tornaram parábolas — no caso dessa história, um modo de orientar minha irmã e eu para observarmos muito bem uma pessoa antes de a julgarmos merecedora de nossos elogios, censura ou piedade. Sempre admirei meus pais por eles acreditarem num humanitarismo universal, mesmo depois de terem conhecido o mal tão de perto. Criada por eles, conheci a essência da caridade.

Como isso parece maravilhoso, tão certo e puro! Mas, mesmo antes do 11 de Setembro, eu nunca achei fácil manter esse ideal elevado, não com tantos charlatães e fanáticos distorcendo essa visão benigna. Depois, embora fosse uma satisfação saber que estavam à caça de terroristas, para mim a busca pela bondade tornou-se muito mais importante e urgente. Eu queria provar que Stephen Jay Gould, o agora falecido paleontólogo e ensaísta, estava certo em sua resposta eloqüente ao ataque ao World Trade Center.

"A tragédia da história humana reside no enorme potencial para a destruição em raros atos de maldade, não no grande número de pessoas más", Gould escreveu. "Sistemas complexos só podem ser construídos passo a passo, enquanto a destruição só precisa de um instante. Assim, no que eu gosto de chamar de Grande Assimetria, cada acontecimento espetacular de maldade sempre será contrabalançado por dez mil atos de bondade, muitas vezes despercebidos e invisíveis, como o esforço comum de uma vasta maioria."

Comecei a conversar com pessoas que estavam seriamente engajadas em trabalhos de caridade e filantropia, pessoas importantes ou não, benfeitoras ou beneficiadas, encontrando-as a partir do princípio dos seis degraus diferenciadores. Com o tempo, isso me forneceu uma tremenda variedade de idéias, inspiradas em algumas pessoas muito ricas e outras muito pobres. Procurei, como fonte de informação, o conhecimento de funcionários, diretores e clientes do Bowery Residents' Committee, uma organização que presta assistência aos sem-teto da cidade de Nova York. Há anos estou envolvida com o trabalho do BRC.

No entanto, minha pedra de toque foi alguém muito distante de mim, no tempo e no espaço, um erudito, médico e filósofo do século XII, que passou a maior parte de sua vida tentando conciliar fé e razão. Esse homem era o rabino Moses ben Maimon, mais conhecido por seu nome grego, Maimônides, e também como Rambam, formado por letras de seu nome completo. Entre suas mais importantes obras, encontra-se um tratado sobre Deus e metafísica, com o título maravilhoso de *O guia dos perplexos* (Landy Editora, 2004).

Aquilo de que mais gostei, logo de início, principalmente quando os conceitos absolutos de minha infância começaram a ficar obscuros, foi sua garantia de que a razoabilidade é sempre complexa. Conforme lia outras de suas obras, descobri que me identificava com ele, por menos razoável que isso pareça.

Como eu poderia deixar de me sentir atraída por alguém cujos escritos e experiência de vida me pareciam espantosamente importantes e universais? Ele conheceu o horror do isolamento e do exílio, no entanto superou tudo, não apenas para continuar vivendo, como também para produzir obras filosóficas transbordantes de humanitarismo e esperança. Sua busca pela justiça foi tão incansável quanto seu desejo de superar as experiências traumáticas e incentivar pessoas a descobrir o que tinham de melhor. Essa é uma mensagem de enorme importância para os dias de hoje, principalmente se pensarmos que ele viveu numa época em que havia grande intercâmbio filosófico, científico e cultural entre judeus, cristãos e muçulmanos.

Nascido em Córdoba, Espanha, em 1135, em um tempo em que essas três religiões coexistiam pacificamente, Moses ben Maimon, que ainda não completara 13 anos, fugiu com sua família quando fundamentalistas islâmicos do Marrocos invadiram seu país, em 1147. Depois de vagar durante anos, parando na Palestina por algum tempo e depois no Marrocos, a família finalmente estabeleceu-se no Cairo. Então, no Egito, Maimônides ganhou destaque. Tornou-se médico do sultão, líder de sua comunidade e respeitado intérprete da filosofia de Aristóteles. Sua prodigiosa produção de comentários sobre a lei judaica, muitos dos quais escritos em árabe, permanecem como instrumentos de grande importância para a interpretação de textos antigos.

Mas não nos devemos deixar enganar. Embora grande parte de sua obra possa parecer arcaica, Maimônides sabia como vender uma idéia. E talvez nenhuma de suas idéias fosse mais importante, em sua obsessiva procura da justiça, do que aquela sobre doar com compaixão e bom senso. Inserido nas 93 páginas de sua explanação sobre o modo como tratar corretamente os pobres, encontramos um programa prático de doação em oito etapas, conhecido como a Escada da Caridade. Eu a chamo de Escada de Rambam, preferindo seu pseudônimo, quase próprio de astro do *rock*, à seriedade do nome Maimônides. O som mais musical de *Rambam* o traz para mais perto de nós.

A Escada de Rambam é formada por degraus em ordem decrescente, indo do nível mais alto para baixo. O doador anônimo está acima do doador que se deixa conhecer. Dar sem que nos peçam está acima de dar quando nos pedem. O nível mais baixo é ocupado pelo doador relutante. O topo pertence àquele que ajuda um pobre a tornar-se auto-suficiente. Não é uma escada para o céu — pelo menos não para os judeus, cujas boas ações não lhes garantem nenhuma recompensa depois da vida. Começando do topo, o nível mais alto de doação, Maimônides desce os degraus, indo do idealismo ao realismo. Num reflexo de meu desejo de aperfeiçoamento, suponho, optei por subir a escada até chegar ao exemplo máximo de doação. Mas, olhada de baixo para cima, ou de cima para baixo, a escada nos oferece uma metáfora visual simples, que nos permite captar a idéia de que existe doação... e doação.

Maimônides não esperava que as oito etapas que idealizou respondessem a todas as perguntas. O que torna isso claro é o sem-número de explicações que ele deixou, uma verdadeira avalanche de elaboração e variações, muitas das quais são especificamente voltadas para a cultura medieval agrária em que ele vivia. Quase tudo mudou desde então, mas o desejo de sermos bons sobreviveu, assim como a necessidade de acreditar que somos justos, mesmo que não sejam muitas as pessoas que usam essa palavra com facilidade fora de um contexto religioso. Embora a caridade particular esteja vinculada à política pública de maneiras desagradáveis, e a onda avassaladora de solicitações ameace esmagar a boa vontade individual, nós ainda doamos, ou pensamos em doar, ou planejamos pensar a respeito.

Para muita gente, entretanto, a caridade não é motivo de exame de consciência, por uma simples razão: essas pessoas acham que o assunto tem pouco a ver com elas. Paolo Alavian encaixava-se nessa categoria.

Ele nasceu no Irã, foi criado na Itália e chegou como imigrante aos Estados Unidos para estudar Farmácia. Depois de formado, porém, decidiu entrar para o negócio de restaurantes. Começou lavando pratos e, 23 anos mais tarde, aos 43, era dono de quatro restaurantes em locais nobres de Manhattan. Por ser homem que se fizera sozinho, ele desconfiava de pessoas que estendiam a mão pedindo dinheiro. Quase sempre fazia doações — quando lhe pediam —, na época em que se levantavam fundos para as escolas locais. Não dava dinheiro, nunca. Contribuía oferecendo refeições em leilões, jantares excelentes para duas pessoas pelos quais pagava-se de 75 a 100 dólares, preços atraentes.

Esguio e intenso, com grandes olhos tristes, Alavian acreditava em trabalho e estudo. Planejava os horários de empregados que alegavam poder trabalhar no jantar, mas não no almoço, porque iam à escola de manhã. Com sua cautelosa generosidade, Alavian exigia que eles lhe apresentassem uma carta do departamento de matrículas todos os semestres. Apenas uma vez na vida fez uma doação para caridade em dinheiro. Prometera que, se um dia conseguisse ter um restaurante, doaria 500 dólares — o salário de uma semana, na época da promessa — para uma organização que prestasse assistência a crianças. Cumpriu sua promessa e nunca mais fez uma doação em dinheiro. Desculpava-se alegando que ouvira muitas histórias sobre instituições de caridade desonestas, mas na verdade não via motivo para doar. Não era nenhum Rockefeller. Era um imigrante que se tornara alguém, saindo do nada.

Os mendigos que passavam pelo restaurante irritavam-no. Para Alavian, aquela era a beleza dos Estados Unidos, o senso de possibilidade que não conhecera nos países onde vivera: Irã, Itália, Áustria. Em sua opinião, os mendigos não haviam aproveitado suas oportunidades, eram preguiçosos.

No contexto do mundo atual, Alavian não era um homem excepcionalmente egoísta, nem altruísta. Tentava ser um patrão justo, um comerciante decente, um pai e marido amoroso, um honesto membro da sociedade. A religião não representava uma força marcante em sua vida. Sua família era muçulmana, mas nada ortodoxa, e o pai, funcionário de um banco, gostava demais de vinho para ser um seguidor fervoroso da religião.

Por tudo isso, Alavian não deve ter previsto sua reação aos acontecimentos de 11 de setembro de 2001. Não deve ter imaginado que ele, que estivera tão envolvido no trabalho de construir uma vida sólida para sua família, dirigiria um movimento comunitário cujo único propósito era simplesmente ajudar outras pessoas. Não foi um negócio grandioso, nem exigiu profundo sacrifício, mas o que fez mudaria a percepção que tinha de si mesmo, de seu lugar no mundo, de sua responsabilidade em relação aos outros. Como ele disse depois: "Não sou a madre Teresa, não sou igual a ela no que diz respeito a generosidade, mas acredito que, se dermos de coração, teremos de volta o que demos."

O World Trade Center ficava a menos de um quilômetro e meio do restaurante onde funcionava seu escritório central. Ele chegara um pouco depois das oito da manhã. Deixara o filho de oito anos na escola e estava antecipando que o dia lindo resultaria em bastante movimento. Poderia armar mesas na calçada. No momento em que ia começar a trabalhar no escritório, a esposa ligou, perguntando se ele podia levar a filha de três anos à escola maternal.

— Não, não posso — ele respondeu, aborrecido. — Tenho muito o que fazer.

Ela, então, começou a gritar em seu telefone celular:

— Estou vendo um avião idiota voando baixo demais, no centro da cidade.

— Você está vendo uma filmagem — ele disse com impaciência. — Estão sempre filmando.

Desligou o telefone e foi abrir a porta para os funcionários. Através do vidro da porta da rua, ele viu uma mulher debruçada para fora de uma janela de um prédio de apartamentos de aluguel. Não conseguia ouvir o que ela dizia, mas teve a impressão de que estava gritando desesperadamente, apontando para o lado sul.

Quando saiu, Alavian olhou para onde ela apontava. Ficou parado na calçada, olhando horrorizado, até depois que as duas torres desabaram, e a fumaça não lhe permitiu ver mais nada. Mais tarde, ele se lembraria daquela manhã como de um horrível pesadelo, confuso quanto aos detalhes, mas de atmosfera vívida. Um dos clientes que trabalhava no centro da cidade apareceu no restaurante coberto de pó.

— Paolo, você não faz idéia do que está acontecendo — disse.

Outras pessoas, cobertas de detritos da destruição, passavam pela rua, na direção contrária ao centro. Escureceu como se estivesse anoitecendo, à medida que a fumaça se espalhava. A preocupação era com os gases que podiam ser produzidos pela queima de material plástico.

No dia seguinte, Alavian ajudou o proprietário do imóvel no qual funcionava o restaurante, um dentista vizinho, a distribuir máscaras. No outro dia, imprimiu folhetos, convidando o pessoal do resgate a comer gratuitamente em seu restaurante. Mas, depois de dois ou três dias, sua generosidade pareceu desperdiçada, pois a quantidade de comida doada excedia muito o necessário.

Contudo, Alavian ainda se sentia compelido a fazer alguma coisa. Não conseguia parar de pensar nas vítimas, não tanto nos coitados que haviam morrido, mas naqueles que haviam ficado para trás. Imagens de rostos angustiados enchiam sua mente.

A esposa que não pode mais ver o marido, ele pensava, as crianças que não sabem por que seu pai ou sua mãe não voltou para casa. O que será dessa gente?

Certa manhã, tomando café com a esposa, ele sugeriu:

— E se fizéssemos um pouco de caridade?

Dessa idéia, que surgiu espontaneamente, emergiu um plano. Ele organizaria um jantar beneficente em seu restaurante mais elegante.

— Não podemos esquecer o que aconteceu — Alavian prosseguiu. — Mas por uma noite voltaremos a uma vida normal.

Doaria toda a comida, e pediria que as pessoas pagassem o que quisessem. Tudo o que fosse arrecadado seria doado à Cruz Vermelha. Mais uma vez, imprimiu folhetos e começou a distribuí-los no bairro e a enviá-los a clientes regulares. Seu banqueiro concordou em doar a mesma quantia que ele arrecadasse.

Alavian não podia calcular quantas pessoas compareceriam. Disse ao pessoal da cozinha que preparasse uma refeição para 70, 80 pessoas. Depois do almoço, ele mandou que preparassem pratos para um jantar em dois turnos. No fim do jantar, 416 pessoas haviam comido em seu restaurante e doado 76 mil dólares.

Os empregados trabalharam sem pagamento naquele dia, embora Alavian lhes dissesse que não precisavam fazer aquilo, e pediram aos clientes que dessem suas gorjetas à Cruz Vermelha. Uma mulher que ele sabia não ter muito dinheiro comeu apenas uma salada e deu um cheque de 400 dólares. A equipe de trabalho de uma construção próxima foi ao restaurante almoçar. Aqueles homens quase o haviam enlouquecido, nos dias anteriores ao 11 de Setembro. Alavian ficou constrangido ao se lembrar de como gritara com eles, de que chamara a polícia, alegando que o barulho prejudicava seu negócio. Mas o chefe da equipe parecia não se lembrar desses fatos, ou estava fingindo que os esquecera. Almoçou com seus homens, doou um cheque, apertou a mão de Alavian e abraçou-o em seguida.

O ato de caridade de Paolo Alavian foi parte de uma espantosa reação, quase reflexa, ao ataque ao World Trade Center. A bem-sucedida invasão ao solo americano e a hostilidade que gerou o terrorismo foram ultrajantes, provocaram exames de consciência, desespero, medo e uma infinidade de outras emoções, muitas das quais torpes e motivadas por desejo de vingança. O 11 de Setembro, porém, também seria lembrado nos anais da caridade como um momento de doação sem precedentes. O desejo de ajudar foi urgente e automático naquele dia, como se a balança do bem e do mal houvesse se inclinado demais para um lado, causando o impulso instantâneo de restaurar o equilíbrio. As contribuições a grandes organizações, para o trabalho de resgate e recuperação, foram estimadas em 1,88 bilhão de dólares, sendo 1,25 bilhão desse total doados por pessoas físicas. Com o entusiasmo e o exagero previsíveis dos americanos, houve uma enorme quantidade de doações. A Cruz Vermelha passou a rejeitar doadores de sangue e, como Alavian descobriu, os que trabalhavam na tarefa de resgate não conseguiam comer todos os sanduíches que lhes eram enviados.

À medida que os meses foram passando, porém, o impulso de doar foi arrefecendo. No fim de um ano, o suprimento de sangue da nação estava perigosamente baixo, principalmente na cidade de Nova York. Os jornais começaram a falar em "cansaço por excesso de generosidade". O dinheiro que fora arrecadado por várias instituições gerou algumas brigas violentas a respeito de qual delas merecia ficar com mais. A economia estagnou e o mercado de ações entrou em declínio, reduzindo o volume de dinheiro disponível para doações a obras de caridade (dedutíveis do imposto de renda). Doar tornou-se uma questão política, quando o povo americano suspeitou de que instituições beneficentes islâmicas financiavam o terrorismo. Uma onda de escândalos empresariais criou um renovado cinismo quanto à filantropia. Qual seria outra forma de reagir à situação, às instituições culturais e aos hospitais em Houston, que ostentam o selo da Enron Corporation, quando foi revelado que as ações de generosidade dessa empresa estavam relacionadas a corrupção, uma generosidade à custa de milhares de pessoas que perderam seu meio de vida?

Estávamos de volta ao que já era costumeiro. No passado, escândalos que envolveram grandes instituições de caridade, como a United Way, explodiam periodicamente provocando o descrédito nesse tipo de organização. Em abril de 2002, A. Alfred Taubman, ex-diretor da Sotheby, foi condenado à prisão. Os advogados usaram sua vida de filantropia como parte da defesa, mas o juiz não se deixou impressionar.

— Não se pode doar aos pobres e roubar dos ricos — ele declarou sucintamente.

E sentenciou Taubman, de 78 anos de idade, a um ano de prisão e a uma multa de 7 milhões de dólares.

No entanto, para muitas pessoas, inclusive Paolo Alavian, o ataque a Nova York foi um alerta, uma oportunidade de finalmente compreender o que significa pertencer a uma comunidade. O pai de Alavian costumava dizer que muitas gotas formam um oceano, mas o filho não compreendera o significado dessas palavras até oferecer seu jantar beneficente.

— Acho que ninguém foi ao restaurante naquele dia para saborear meu macarrão ou meu peixe — ele me disse meses mais tarde. — As pessoas foram participar. Eu as reuni, mas não sou nada sem elas.

Até mesmo os sentimentos de Alavian em relação aos mendigos mudaram, embora ele não se tenha tornado, como disse, nenhuma madre Teresa.

— Para mim foi uma revolução. Agora percebo que nem todo mundo pode ser bem-sucedido. Agora vejo que um jovem pode parecer ter capacidade para trabalhar, mas quando mantemos um contato mais aproximado descobrimos que ele tem muitos problemas, como drogas, alcoolismo, doença ou maus costumes — ele explicou.

Mas ainda impõe limites a sua generosidade de acordo com sua visão do que é fazer o bem. Quando mendigos passam por seu restaurante, ele lhes serve uma refeição, qualquer coisa que queiram comer, mas não dá dinheiro.

— Sempre imagino o que a pessoa fará com aquele dinheiro — ele me disse. — Comprará uma cerveja?

Assim, Alavian descobriu a charada da caridade. Quanto doar, e a quem? Impondo condições, ou não? Como saber que não está sendo enganado? Deve doar até se sentir mal com isso, ou apenas enquanto a benevolência lhe fizer bem?

Estas perguntas antigas parecem mais complexas em um mundo onde a filantropia tornou-se um grande negócio, muitas vezes despersonalizado, despido de conteúdo espiritual e sem sentido. Diretores de grandes organizações sem fins lucrativos ganham salários que os colocam na faixa mais alta de pagamento de impostos, em parte porque têm a responsabilidade das decisões. No entanto, é difícil julgar uma decisão que deve visar mais o melhoramento humano do que a rentabilidade.

O próprio mundo das fundações tornou-se imenso. Em 1975, havia nos Estados Unidos 21.877 fundações com recursos que totalizavam 30 bilhões de dólares e que responderam por doações no valor de 1,9 bilhão. Em 2000, havia 56.582 delas, que doaram 27,5 bilhões de dólares de um fundo de 486 bilhões. Essa vastidão de recursos pode fazer com que um doador individual sinta-se muito pequeno. Como pode uma pessoa comum competir com os muito ricos? Que valor tem uma doação de um dólar, ou mesmo de mil dólares, se comparada ao que doa a Fundação Bill e Melinda Gates, que dedica 24 bilhões de dólares ao serviço de assistência à saúde das crianças mais pobres do mundo?

Apesar disso, as pessoas continuam pingando suas gotas no oceano. Em 2001, as doações individuais nos Estados Unidos chegaram a quase 161 bilhões de dólares, tornando ínfima a quantia de 9 bilhões doada por empresas. A sociedade pode ser mais materialista do que jamais foi, menos reprimida por normas religiosas, mas doar tornou-se uma medida de probidade. *The Wall Street Journal* publicou em janeiro de 2002: "O público diz que quer ser informado a respeito de como as empresas vêm lidando com a responsabilidade social e ambiental para que fique mais fácil decidir de quais delas comprar, em quais investir e para as quais trabalhar." Na virada do século (ano 2000), 26 por cento das pessoas empregadas nos Estados Unidos trabalhavam em empresas que participavam da United Way Campaigns, o que somava em média uma doação anual de 170 dólares por empregado.

E, no clássico estilo empresarial americano, a celebração do trabalho voluntário tornou-se outra forma de exploração comercial. Um catálogo da Lands' End louva crianças que fazem boas ações, prometendo doar 5 mil dólares para cada uma das causas que elas defendem. O valor disso é diminuído pelo fato de que esses "Heróis Natos" são usados como estratagema para promover os produtos Lands' End, ocupando inteiramente as duas primeiras páginas do catálogo? Será errado lançar mão de doações na busca do lucro?

Maimônides não abordou essas questões diretamente. Ele estava preocupado com a relação mais essencial do ato de doar, entre os que têm e os que não têm. Cercou os oito níveis da doação com páginas e mais páginas explicativas, que podem, ou não, ser especificamente úteis quando precisamos decidir de qual irmão seremos o guardião, ou quando desejamos compreender por que algumas pessoas doam e outras não. Entretanto, a Escada de Rambam possui uma simplicidade que é tanto elegante como enganosa. Um degrau leva inexoravelmente a outro, numa viagem que pode e deve ser agradável. Afinal, dar alguma coisa é melhor do que não dar, então, por que não aproveitar a escalada? Concordo, o degrau mais baixo é reservado para a pessoa que dá de má vontade, mas ainda sobram sete níveis de doação nos quais podemos, e devemos, sentir satisfação, sem nos tornarmos presunçosos. Maimônides compreendeu a profunda conexão entre obrigação e realização.

Como Paolo Alavian descobriu, e como eu chegaria a compreender, doar pode começar como uma maneira de pôr ordem no caos e acabar como uma transformação.

8
RESPONSABILIDADE

---

7
ANONIMATO

---

6
CORRUPÇÃO

---

5
LIMITES

---

4
VERGONHA

---

3
SOLICITAÇÃO

---

2
PROPORÇÃO

---

1
**RELUTÂNCIA**

---

*Doar de má vontade.*

Não me lembro de quando foi que o notei pela primeira vez, mas me parece que fazia pelo menos um ano que ele pedia esmolas na esquina da mercearia. Aparentava estar perto dos 40 anos, mas, como era uma daquelas pessoas que o tempo não muda, posso ter errado no cálculo, e ele tanto podia ser 12 anos mais velho como mais novo. Era um afro-americano de boa aparência, estatura mediana e magro, magro demais. Tinha rosto meigo, sorriso caloroso e gostava de camisetas de cores vivas. Quando eu passava, ele me perguntava: "Como vai, irmã?" Então fazia seu pedido, quase em tom de desculpa, e como despedida me desejava bom-dia, embora houvesse recebido conselhos, em vez de dinheiro.

Eu o orientava a procurar o Bowery Residents' Committee, onde eu trabalhara como voluntária durante muito tempo e me tornara membro do quadro diretor, nunca questionando o fato de a instituição desaprovar a mendicância nas ruas. "Dar dinheiro, alimento ou agasalho diretamente aos desabrigados encoraja-os a permanecer na rua e a não encarar suas necessidades de um modo mais construtivo", seus folhetos ensinavam.

Em outras palavras, a filosofia essencial do Bowery Residents' Committee (BRC) assemelha-se à de Rambam: o alvo deve ser o degrau mais alto, onde uma pessoa ajuda outra a tornar-se auto-suficiente.

Esse era meu raciocínio toda vez que eu dizia ao homem da esquina que ele conseguiria ajuda lá, então entregava-lhe um cartão com o endereço e o número de telefone do BRC.

Sempre educado, ele respondia a meus conselhos, que não eram solicitados, de maneiras variadas. Dizia que não estava interessado em participar de programa algum, adivinhando que o pessoal do BRC o incentivaria a receber um tratamento de desintoxicação. Às vezes, concordava com um gesto de cabeça, prometendo que ia procurar o BRC, mas nós dois sabíamos que ele estava apenas tentando me fazer parar de importuná-lo. Examinava o cartão e guardava-o no bolso.

Durante meses, esse foi nosso relacionamento, se aquele intercâmbio podia ser chamado assim. Eu me sentia amigável, quando o via, então, depois, meu corpo se enrijecia, enviando-me sinais, lembrando-me de que eu não devia alimentar seus hábitos autodestrutivos. Era nessas ocasiões que eu atravessava a rua para não falar com ele.

Quase no final de um inverno ameno, tivemos um dia de frio inclemente. Eu estava indo para casa, quando vi David — como meses depois descobri que ele se chamava — vindo em minha direção, mancando. Aquele modo de andar era novo.

Levei um instante para reconhecê-lo. Ele não estava no lugar costumeiro, mas fora de contexto, a alguns quarteirões de seu ponto, perto da mercearia da esquina. Parei e perguntei-lhe qual era o problema com sua perna. Ele me contou que levara um tombo. Estava com aparência deplorável, embora, como sempre, usasse roupas limpas.

Não tive naquele momento, como anteriormente, reserva em ajudá-lo. Perguntei-lhe se ele comera alguma coisa naquele dia. Era quase uma hora da tarde. Ele respondeu que não. Convidei-o a ir comigo à mercearia, onde também faziam sanduíches, a fim de lhe comprar algo para comer.

David me olhou com surpresa, pois não me pedira nada, mas adaptou-se rapidamente àquela afortunada mudança de situação. Começamos a andar; ele mancando e eu caminhando devagar para acompanhá-lo, passando por lojas que vendiam sapatos de 400 dólares, assim como calças *jeans* de 200, previamente rasgadas em vários pontos. David me contou, sem que eu lhe perguntasse coisa alguma, que parara de beber.

— Entrou no programa? — indaguei.

Ele abanou a mão num gesto de desdém.

— Não gosto de programas. Meu corpo me disse que estava na hora de parar, quando acordei vomitando, e tudo o que tentei comer e beber depois tinha gosto de cerveja. Faz um mês que não tomo nada com álcool.

Perguntei-lhe onde dormia, e ele disse que às vezes passava a noite em um albergue, às vezes no apartamento de uma senhora do Brooklyn, sua namorada, e mais freqüentemente na rua. Falou-me de um modo um tanto poético dos prazeres de se dormir ao ar livre em noites quentes, no Bronx, o bairro de onde viera, e de como gostava de olhar as estrelas. Considerei a possibilidade de estar sendo manipulada e suspeitei — na verdade sabia — de que havia muita coisa feia omitida. Mas ele parecia contente, falando a respeito das estrelas do Bronx.

Na mercearia, a mulher que estava atrás da caixa registradora me olhou com censura, ou pelo menos foi isso o que imaginei. No balcão, David pediu um almoço substancial: sanduíche de carne e queijo, leite, uma banana, alguns biscoitos e um saquinho de batatas fritas. A conta ficou em 6,50 dólares.

— Foi caro — ele observou.

Agradeceu-me, e nos despedimos com um aperto de mãos.

Lavei as mãos assim que cheguei em casa.

Continuei a vê-lo esporadicamente. Ele ainda me agradeceu mais algumas vezes pelo sanduíche, então peguei-me atravessando a rua novamente, ao vê-lo, para não enfrentar o velho dilema de dar-lhe ou não dinheiro. Um mês depois de tudo isso, num outro dia feio capaz de abater o espírito de qualquer um, eu o vi em seu lugar de costume, na esquina da mercearia. Dessa vez atravessei a rua para chegar até ele, tirei cinco dólares do bolso e simplesmente entreguei-lhe o dinheiro. A partir daí, passei a lhe dar dinheiro regularmente, antes que ele me pedisse, quebrando uma regra, mas cumprindo outra. Naquele tempo, eu não sabia que subira um degrau da escada, onde damos aos pobres menos do que seria apropriado, mas com um sorriso. Eu me sentia bem, encontrando David e dando-lhe algum dinheiro. Mas agora outra pergunta pairava em minha mente: quem estava dando a quem?

A questão do interesse próprio sempre aparece, quando se pensa em caridade. Quantas pessoas continuam a trabalhar como voluntárias nas atividades da escola de ensino fundamental depois que seus filhos passam para o nível médio?

Entre 1997 e 1999, David Dunning, professor de Psicologia na Universidade Cornell, e Nicholas Epley, um estudante de pós-graduação, conduziram uma pesquisa que chamaram de "Mais santo do que os outros", cujo objetivo era avaliar a capacidade das pessoas de calibrar corretamente sua bússola moral. São tão generosas como acreditam ser? São capazes de ver a generosidade dos outros?

Em um de seus estudos, Dunning e Epley deram cinco dólares a cada estudante de um grupo de graduação para que eles participassem de uma experiência fictícia de psicologia. A experiência real, porém, destinava-se a mostrar quanto daquele dinheiro eles estariam dispostos a gastar em caridade. Quase todos os estudantes previram que doariam metade, ou seja, 2,50 dólares, e que seus colegas doariam apenas 1,80.

O fato, porém, foi que eles superestimaram de forma significativa tanto sua própria generosidade quanto o egoísmo dos outros. Quando confrontados com a real oportunidade de tirar dinheiro do bolso, os estudantes doaram uma média de 1,53 dólar, muito menos do que eles acharam que doariam, mas não tão menos do que julgaram que os outros dariam.

Em outro estudo, conduzido também nos Estados Unidos semanas antes de Daffodil Days, uma campanha anual em benefício da Sociedade do Câncer realizada anualmente pela Cornell, quando se vendiam flores para arrecadar dinheiro, os pesquisadores perguntaram aos estudantes se eles pretendiam comprá-las, e o que achavam que os outros fariam. Mais de 80 por cento dos estudantes disseram que planejavam comprar flores, cerca de duas cada um, e que achavam que apenas 56 por cento dos outros comprariam. Mais uma vez, os estudantes superestimaram a própria generosidade, mas foram mais acurados a respeito dos outros. Apenas 43 por cento deles compraram flores.

"As pessoas são otimistas demais no que se refere a elas mesmas", Dunning disse-me na ocasião. "Mesmo quando sabemos que outras pessoas agirão com egoísmo, achamos que somos especiais, que as regras não se aplicam a nós."

A experiência chamada "Mais santo que os outros" começou com uma observação das pessoas comuns. "Elas tendem a acreditar que são tudo, menos comuns", Dunning me explicou. "Acham que são mais éticas, mais inteligentes do que as outras, mais tudo, principalmente no campo da moral ou do altruísmo."

A observação levou o professor a duas outras perguntas: "As pessoas têm uma boa percepção de seu caráter moral e são exageradamente cínicas em relação às outras, ou, ainda, estão certas a respeito das outras, mas têm uma visão bonita demais de si mesmas?"

O resultado seria, imaginei, a discrepância entre intenção e ação, simplesmente um caso de falsa piedade antiquada? Os estudantes queriam acreditar e fazer com que os outros acreditassem que eram generosos, quando na verdade eram mesquinhos?

Não necessariamente, de acordo com o professor. "Quando analisamos uma situação hipotética, pensamos no que tencionamos fazer e acreditamos que realizaremos nossas intenções. Mas, quando vivemos a situação, percebemos que envolve sacrifício ou perda. Mesmo que não seja uma percepção consciente, pode nos impedir de ir em frente. O sacrifício é nobre porque é difícil, psicologicamente difícil."

Então, pensamentos caridosos vêm acompanhados de ambivalência. Reconhecendo isso, Maimônides coloca o doador relutante no degrau mais baixo da escada. Esse doador oferece com a mão, mas não com o coração. As pessoas podem querer considerar-se boas, mas padecem para decidir quanto doar. Talvez queiram fazê-lo, mas preocupam-se com o que isso pode lhes custar em termos de dinheiro e de desgaste psicológico, emocional e até mesmo físico. A literatura popular americana reforça esse dilema. Em *...E o Vento Levou*, a mãe de Scarlett O'Hara morre após adoecer fazendo um trabalho de caridade. Em *Mulherzinhas*, é a nobre Beth que se torna o objeto de sacrifício da história.

Os alunos da Cornell, tão confiantes em sua própria generosidade, recuaram quando confrontados com a realidade do sacrifício. Em meu contato com David, o sacrifício era menos óbvio. O problema não era que eu relutasse em ajudá-lo, mas relutar em abrir mão do controle sobre o que lhe dava. Queria ter certeza de que o dinheiro seria usado do jeito que eu queria que fosse, para alimentação, em vez de, digamos, cerveja. Além disso, mantinha contato com ele porque gostava de seu rosto. Não teria iniciado tal relacionamento com o sujeito com olhar de louco, enrolado em trapos, resmungão, que também aparece regularmente em meu bairro. Não estou dizendo que só ajudo alguém quando a situação me agrada, mas que assim é mais fácil exibir um sorriso.

Contrariando minha crença (ou desejo) de infância, doar não é necessariamente natural. Ou, pelo menos, não é uma lei da natureza. Mas a inércia é. Muitas pessoas que conheço sentem-se oprimidas pelas exigências, reais ou imaginárias, que lhes são impostas diariamente. Com o tempo, criamos uma órbita controlável, lidando com exigências de filhos, pais, cônjuges, ambição, saúde e, sim, a busca do prazer. Ainda assim, faz sentido que seja fácil doar para causas que também nos façam sentir que cumprimos outra obrigação. Na doação, como em tudo hoje em dia, gostamos de agir de várias maneiras ao mesmo tempo.

Nessa categoria se enquadra o tipo de doação que faço o tempo todo: para a pesquisa do câncer que meu cunhado patrocina, ou para lares de idosos, que ajudo pagando para ir a concertos beneficentes. O fato de minha generosidade ser, em parte, motivada pelo afeto que sinto por meu cunhado e por meu amor pela música diminui o valor da minha doação?

Em teoria, esses atos de caridade não podem ser qualificados como cem por cento puros, mas Maimônides teria compreendido. O chão sobre o qual se ergue a escada é movediço, por isso ele deixou uma infinidade de regras e instruções para que fique mais fácil doar com o coração e não apenas com a mão. Por exemplo, embora ele esperasse que as pessoas dessem o dízimo, não esperava que elas vendessem suas propriedades quando o mercado de imóveis estivesse em baixa, apenas para cumprir suas obrigações caritativas. Era prático, mas também solidário, compreendia que nós todos precisamos de ajuda para subir do degrau mais baixo, da caridade por obrigação, para o de cima, onde a compaixão flui mais livremente, e o sorriso em nosso rosto é um reconhecimento da condição humana de quem recebe a doação.

Pense nas pilhas de solicitações que recebemos pelo correio, todas tentando nos seduzir, vencer nossa relutância em dar. Enquanto as lemos, tomamos uma série de decisões. Algumas cartas vão para o lixo. As solicitações não tocaram nosso coração, nem nosso senso de obrigação. Mas como vamos tomar decisões a respeito das outras que restaram, se nos pedem que ajudemos os pobres, mas também que colaboremos com pesquisas médicas, companhias de balé, instituições educacionais ou religiosas, campanhas pelo meio ambiente, a paz e a guerra, e não apenas os existentes em nosso bairro, nem mesmo em nosso país, mas também nos recantos mais longínquos do mundo?

E, quando preenchemos um cheque, o que pretendemos conseguir? Estamos tentando guiar a sociedade? Se for isso, um cheque de 100 dólares nos dará maior controle do leme? Estamos querendo aliviar nossa culpa... bem, *apenas* aliviá-la?

Estamos tentando sentir que fazemos algum investimento no inconsciente coletivo? E, afinal, isso importa? Os motivos de um indivíduo significam alguma coisa, comparados com a necessidade de fazer o trabalho, seja ele qual for? Que diferença fazia para Maimônides o fato de as pessoas doarem com a testa franzida ou com um sorriso, desde que doassem?

A caridade não precisa ser abnegada para ter valor. Deduzir doações do imposto de renda não diminui seu valor, mas também não pode ser um disfarce para a sonegação. Quando os professores de uma escola suburbana de New City, Nova York, começaram a oferecer notas como incentivo para que os alunos participassem de campanhas de arrecadação de roupas e outros projetos de ação social, os pais fizeram objeções, e isso me parece certo.

Da mesma forma, parece certo negar até mesmo um lugar no degrau mais baixo da escada a empresas que usam a caridade para expiar seus pecados, patrocinando, com dinheiro gerado por cigarros ou bebidas, requintadas exposições de arte. Agora, contrastando, pensemos na alta posição que ocupam as poucas empresas que tratam as obras de caridade como parte da agenda corporativa, não como um pós-escrito. Uma delas é a Newman's Own, fundada por Paul Newman e pelo escritor A. E. Hotchner que, para vender seus molhos de salada, doam 100 por cento dos lucros, depois de deduzidos os impostos, a instituições de caridade que atuam nos campos de habitação, artes, educação e socorro em caso de calamidades. A Ben & Jerry Ice Cream, embora não seja mais propriedade de Ben Cohen e Jerry Greenfield, ainda inclui em seus demonstrativos financeiros tanto uma auditoria social como uma fiscal. Maimônides, acredito, teria aprovado. Também acredito que ele teria posto na comunidade de doadores relutantes as empresas de "filantropia estratégica", que conjugam suas doações a objetivos comerciais. Hoje em dia, essa seria uma comunidade bastante vasta, porque a maioria das empresas, em nome da responsabilidade corporativa, doa dinheiro visando conseguir algo em troca — boa imagem, participação na comunidade política, simpatia dos acionistas — ou como contrapartida para as obrigações do presidente com seus colegas.

Sim, doar tornou-se mais um instrumento de *marketing*.

Charles Raymond, presidente da Fundação Citigroup, supervisiona a filantropia estratégica do grupo que doou 68 milhões de dólares em 2001 em mais de três mil porções de quantias variadas. Parece muito dinheiro, até que consideramos os lucros do Citigroup: 14,1 bilhões de dólares naquele mesmo ano, sobre um rendimento de 67,4 bilhões.

Raymond, um homem alto e esbelto, de cabelos grisalhos, mas ainda com aparência jovem aos 60 anos, convidou-me para almoçar com ele na sala de jantar dos executivos na sede do Citigroup, na Park Avenue, em Nova York. A sala era arejada e confortável, e a comida elegante foi servida em lindos pratos. Para sobremesa, havia vistosas cerejas frescas, além de deliciosos biscoitos, crocantes e amanteigados. Enquanto comia, eu pensava no sanduíche que comprara para David e imaginava quanto teria custado aquele almoço.

Raymond, que toma as decisões sobre quanto o Citigroup doa e para onde vai o dinheiro, foi sincero sobre o aspecto de relações públicas das doações empresariais. "Somos um alvo para tudo e todos", ele disse. "Somos processados por questões trabalhistas, de direitos humanos, ambientais e tudo mais que se possa imaginar. Como estamos em vários países, somos citados como bandidos em todo tipo de assunto. É muito difícil andar sempre na linha entre o que é ambientalmente correto e o trabalho no grande número de países onde atuamos e nos governos para os quais trabalhamos. Não se pode ter mais de 100 milhões de clientes e não ter alguém que nos ataque. Assim, estamos sempre na defensiva. Nossa filantropia, muitas vezes, é o que apara um pouco essas arestas."

Ele é um homem decente que tem uma vida boa, uma casa num subúrbio exclusivo de Connecticut, aquela sala de jantar executiva, carros à sua disposição para levá-lo aonde for preciso, enquanto procura fazer o bem. Já foi membro da comissão que presta serviço aos sem-teto, em Nova York, diretor executivo do New York City Ballet, e agora é meu colega de diretoria do Bowery Residents' Committee. Está sinceramente empenhado em ver prosperidade por todos os lados, pelo menos um pouco, e compreende como o interesse próprio pode ser usado de um modo prático para vencer a relutância, tanto de indivíduos, como de empresas.

Reconhece que instituições como o Citigroup não estariam tão dispostas a fazer doações se não existissem nos Estados Unidos leis como a de investimento na comunidade, que exige que os bancos devolvam algo à sociedade. Raymond comentou: "A sociedade nos pergunta o que estamos fazendo por ela. De modo estratégico, miramos as organizações que achamos que estão fazendo um bom trabalho na comunidade, mas que também achamos que melhorarão nossa imagem." Em outras palavras, as empresas que parecem não pensar imediatamente em tirar dinheiro do bolso, por mais fundo que ele seja, são assim "incentivadas" a doar.

Raymond vê a ironia da situação. Certo ano, ele fez uma grande doação à China, para o plantio de árvores e a implantação de programas de capacitação, não porque essa fosse uma causa de significativa importância, mas porque o Citigroup planejava expandir-se naquele país. Também vê o poder que se tem para fazer o bem, como ele define, mesmo que o motivo seja mais capitalista do que espiritual, mais mão do que coração. Argumenta que os dois aspectos não precisam ser exclusivos, embora nem sempre seja fácil conciliá-los.

O desafio proposto por Maimônides, de doar com a alma, parece não ter nada a ver com esse processo burocrático cujo maior objetivo é satisfazer os interesses do Citigroup. No entanto, é óbvio que Raymond põe o coração em seu trabalho e que esse tipo de doação motivada pelo interesse não deve ser instintivamente considerado sem valor. Mesmo o doador ranzinza, que doa com a testa franzida, consegue um lugarzinho onde pôr os pés na Escada de Rambam. Mas o fato de a escada ter oito degraus, e não apenas um, indica que os motivos da caridade precisam ser constantemente examinados.

Esse pensamento foi reforçado por um *e-mail* que recebi de Jerusalém, de Jimmy Weiss, primo em primeiro grau de minha mãe, em resposta a minha pergunta sobre a caridade: "Lemos, na Torá, que não devemos desviar os olhos para evitar ver um necessitado, não devemos fingir que não o estamos enxergando. Muito simples."

Fora minha mãe quem sugerira que eu entrasse em contato com Jimmy, dizendo que ele era muito inteligente, culto, um eterno aprendiz, como o pai. O pai dele, meu tio-avô Herman Weiss, trabalhava como chefe de cozinha durante o dia e à noite dedicava-se a estudar filosofia e religião, em espanhol, alemão, iídiche e húngaro. A mãe de Jimmy, Margaret, foi uma inspiração para mim. Tinha uma profissão — era farmacêutica — e também sabia cozinhar. Sua especialidade era uma sobremesa divina que ela chamava de bolo de cenouras.

Jimmy fora ator, antes de tornar-se professor universitário, e fervoroso agnóstico, antes de aceitar o judaísmo ortodoxo. Depois que se aposentou, passou a estudar o Talmude e o mercado de ações, e era este o assunto de suas muitas trocas de *e-mail* com minha mãe.

"O que os ensinamentos sobre *tzedakah* significam hoje, não apenas para os judeus, como também para o mundo?", eu lhe perguntei em um *e-mail*. *Tzedakah*, a palavra que ficou conhecida como o termo hebraico para caridade, é derivada de *tzedek*, que significa justiça, ou retidão. "Os elevados fundamentos morais parecem muito ilusórios hoje em dia", escrevi. "Estou desesperada para encontrar alguns."

O primo Jimmy enviou uma resposta longa e valiosa, incluindo um criterioso sumário da Escada de Rambam. "Pelas leis judaicas, as atitudes de um doador podem ser mais importantes do que a quantia de dinheiro envolvida. Podemos matar a alma de uma pessoa se lhe dirigirmos um sorriso falso ao oferecer-lhe alguma coisa."

Lendo esse trecho, compreendi por que relegara a generosidade do Citigroup ao degrau mais baixo da escada. A progressão que Maimônides tinha em mente envolvia mais do que uma transferência de dinheiro, era algo mais importante do que uma engenharia social. Ele visava algo mais efêmero, nada menos do que a construção de um mundo justo.

Esse pensamento pode ser grandioso demais para que seja relacionado à doação que você faz a uma escola, principalmente se for a escola que *seu* filho freqüenta. Mas, na verdade, esses atos de caridade por interesse próprio podem ser muito puros, porque sempre focalizam o efeito positivo exercido sobre a pessoa que recebe o donativo, em vez de a inconveniência ou o sacrifício de doar.

Ou, como Jimmy escreveu em seu longo *e-mail*: "Há algo muito forte que podemos falar sobre *tzedakah*: uma ação caridosa nos liga ao pobre receptor de nossa doação, envolvendo-nos em uma transação notável. Se pensarmos sobre isso, compreenderemos que o ato de doar algo a um necessitado, principalmente a um completo estranho, preenche o espaço entre nós e ele de um modo espantosamente íntimo." Então, contou uma história que começou a me fazer entender como pode ser fácil, em algumas situações, pular o primeiro degrau, abandonar a relutância, na escalada da Escada de Rambam.

"Em um sábado à noite, quando esperava o metrô, vi um homem totalmente embriagado perder o equilíbrio, cair da plataforma e aterrissar entre os trilhos, bem no caminho do trem que ia chegar e que já podia ser ouvido a distância. De modo surpreendente, não se feriu na queda. Sentou-se exatamente entre os dois trilhos, cruzou os braços no peito e começou a cantar. Sem pensar no perigo que corria, joguei meu jornal no chão, saltei para os trilhos, ergui o homem do chão e empurrei-o para cima, de modo que outras pessoas o puxassem para a plataforma e o segurassem até que eu também estivesse em segurança. Lembro-me de que imaginei como um homem tão magro podia pesar tanto.

"Meu comportamento, depois da façanha, foi muito estranho. Senti que precisava passar um braço pelos ombros do bêbado para protegê-lo de si mesmo. Senti com grande intensidade que precisava fazer isso até que ele ficasse sóbrio e eu pudesse levá-lo para casa. Era como se tivesse me tornado responsável por ele porque o salvara. Dar-lhe uma outra chance ligou-me a ele de um modo inacreditável. Pensei que ganhara um novo primo ou um irmão, e recordo claramente que calculei de que maneira poderia incluí-lo em minha vida, como se ele fosse um novo membro da família.

"Quando os policiais chegaram, precisaram conversar muito comigo para me persuadir a entregar-lhes o homem. Perguntaram-me se ele era meu parente e eu respondi que achava que era, mas que no momento o deixaria aos cuidados deles.

"O que senti na ocasião, sinto agora quando pratico *tzedakah*. Construí uma ponte entre mim e ele, senti o impacto de minha responsabilidade, por mais temporária que fosse, pelo bem-estar daquele homem. Assumira a responsabilidade que era *dele*. Assim, enquanto sentia sua proximidade e seu hálito de uísque, aprendi a lição da doação. Aquele acontecimento, aquele momento de ligação causou em mim uma transformação que tem efeito até hoje."

Como as pessoas que foram tão generosas no 11 de Setembro, ou como alguém que mergulha numa piscina para salvar uma criança que está se afogando, meu primo Jimmy descobriu que uma emergência real pode sobrepujar o interesse próprio. Não há tempo para relutância ou arrependimento, para reflexão ou análise. A pessoa simplesmente doa.

**8**

RESPONSABILIDADE

---

**7**

ANONIMATO

---

**6**

CORRUPÇÃO

---

**5**

LIMITES

---

**4**

VERGONHA

---

**3**

SOLICITAÇÃO

---

**2**

**PROPORÇÃO**

---

1

RELUTÂNCIA

---

*Dar aos pobres menos do que seria apropriado, mas fazê-lo com alegria.*

Qual é a quantia apropriada para se doar? Um amigo meu, do Maine. diz que seu parcimonioso pai assumira uma atitude democrática: a toda solicitação que recebia pelo correio ele respondia com uma contribuição de um dólar, desde que a instituição de caridade em questão tivesse enviado um envelope com porte pré-pago. Um outro amigo, um homem abastado, não dá dinheiro para obras de caridade. Acredita que a considerável soma que paga de impostos quita seu débito com a sociedade. Warren Buffett, um dos homens mais ricos do mundo, tem uma filosofia diferente. Ele diz que, como sabe ganhar dinheiro melhor do que ninguém, é isso o que deve continuar fazendo, e planeja deixar o que tem para ser doado depois de sua morte. Nos Estados Unidos, as pessoas, em sua maioria, não têm recursos suficientes para seguir o exemplo de Buffett, mas sentem-se compelidas a doar. No ano 2000, 78 por cento dos adultos declararam ter feito doações para caridade, numa média de 886 dólares por pessoa. As doações individuais foram de 1,8 por cento da renda pessoal em 2001, quase a mesma porcentagem de vários outros anos.

Somos, os norte-americanos, uma nação que coleta, compila e compara dados. Mas podemos quantificar a justiça? Maimônides achava que podemos, e devemos. Se não achasse, por que poria a pessoa que dá menos do que seria apropriado no segundo degrau de baixo para cima em sua hierarquia de doadores? E o que ele queria dizer com "apropriado"?

A regra bíblica é o dízimo, doar dez por cento da renda. Então, o código de impostos apareceu para complicar a situação. Calculamos o dízimo pela renda bruta, ou líquida, antes ou depois de pagar os impostos? O dinheiro de impostos que vai para serviços de assistência social entra no cálculo? Não existe uma resposta clara, mas algumas pessoas do mundo filantrópico sugerem que devemos tirar o dízimo da renda *disponível*, isto é, do dinheiro que sobra depois que deduzimos as despesas essenciais, inclusive os impostos, e sobre o que poupamos. Mas, sem dúvida, isso dá margem a mais uma dúvida, porque o que é essencial para um é luxo para outro.

Essa ambigüidade moral existia muito antes do imposto de renda, o dízimo sempre foi objeto de uma infinidade de interpretações. Em seu tratado, *Gifts to the Poor* (Dádivas aos pobres), Maimônides usa páginas e mais páginas para fazer a diferenciação entre as colheitas que são sujeitas a dízimo e as que não são. Figos e legumes são isentos, porque não são colhidos todos de uma vez, ao passo que alho e cebola estão sujeitos a dízimo, porque são armazenados.

E as regras continuam. Somos ordenados a vestir o homem pobre e comprar móveis para sua casa. Se ele não for casado, devemos ajudá-lo a encontrar uma esposa. Se a pessoa pobre for mulher, temos de casá-la (não se esqueça de que isso foi escrito no século XII). A caridade começa a parecer intromissão na vida alheia.

Esse extenso modelo indica um desejo intenso de justiça e boa vontade. No sem-número de regulamentos e elaborações de Rambam, existe um senso de frustração, uma desesperada compulsão de pôr as coisas em ordem. Seu tratado sobre os pobres parece um ato de reconciliação e uma desafiadora negação da realidade, tendo em mente a vida que ele levou, descrita por um biógrafo como cheia de "dificuldades e tragédias". A mãe morreu em um parto, quando ele tinha um ano. Ele passou grande parte da vida em perigoso exílio. Seu amado irmão morreu no mar, e isso causou nele uma dor tão profunda que passou um ano acamado. Mais uma vez fica provado que nem sempre é fácil praticar o que se prega. Um de seus conselhos é: "Evite tanto a euforia histérica como o abatimento sombrio, seja sempre tranqüilamente alegre, exibindo um semblante feliz."

Maimônides compreendia que estabelecer a medida da moralidade pode ser impossível, mas isso não o impediu de continuar tentando. Também compreendeu que decidir sobre uma porcentagem para doações cria a ilusão de controle. O dízimo, ou qualquer outra porção compulsória, pode reduzir a pressão porque oferece exatidão. No entanto, não há exatidão. Como as fronteiras do amor e do ódio, as da caridade avançam ou recuam, de modo que seu propósito e significado podem ser enganosos. Quando Maimônides acabou de formular suas instruções sobre o tratamento que deve ser dado aos pobres, a caridade ultrapassara bastante a obrigação do dízimo e se tornara parte integrante da vida.

Poderia muito bem ser isso o que ele desejava explicar.

Todo ato de caridade tem sua própria equação, dependendo das variáveis de cada indivíduo. Qual é a hierarquia da responsabilidade, depois que cuidamos da família e dos amigos? O homem que vive nas ruas de meu bairro tem prioridade sobre uma criança faminta da Somália? Mulheres e crianças devem vir em primeiro lugar, não importa onde estejam? Ou a igualdade dos sexos tirou isso das mulheres? Como podemos comprar um jogo de computador para um filho de sete anos que nos está implorando por mais um, quando já tem tantos, se sabemos que em muitos países aquela mesma quantia alimentaria uma família por uma semana? Há alguma quantia que possa amenizar o sentimento de culpa?A quem, exatamente, devemos ajudar, quanto devemos dar a essas pessoas, sejam elas quem forem?

Em 1906, um contemporâneo de George Bernard Shaw, um crítico social chamado St. John Hankin, escreveu uma inteligente comédia intitulada *The Charity That Began at Home* (A caridade que começa em casa), a respeito de uma família que sofre de excesso de zelo pela caridade e falta de bom senso. Sob a influência de uma organização chamada Church of Humanity, *lady* Denison e a filha não apenas são boas para os órfãos e doentes, como se sentem obrigadas a tolerar criados insolentes e hóspedes detestáveis. "Pessoas agradáveis não precisam que os amigos sejam gentis com elas, porque são sempre tratadas com gentileza", um personagem diz. "As desagradáveis é que não são. O importante não é o que as pessoas merecem, mas o que elas querem, você não acha? Na verdade, quanto menos as pessoas merecem, mais devemos ajudá-las. Precisam disso mais do que as outras. Não nos ensinam que devemos amar nossos inimigos?" Então, outro personagem replica: "Ensinam, mas só aos domingos, e ninguém nem sonha em fazer isso."

Os personagens de Hankin eram fruto da Inglaterra vitoriana, beneficiários da enorme riqueza do país, gerada pelo colonialismo. Essa circunstância contrasta agudamente com as miseráveis condições de vida, não apenas nos países que saciavam o apetite do império, como na própria Inglaterra, onde havia pobreza em toda parte. Os britânicos reagiam fazendo caridade, e isso levou ao desenvolvimento da assistência prestada pelo Estado e à moderna filantropia, além de levar a uma tradição literária de crítica social.

Hoje, como a nação mais poderosa do mundo, os Estados Unidos carregam um fardo de *noblesse oblige*, uma posição desconfortável para um país que rejeitou a monarquia em favor da auto-suficiência e do potencial de cada pessoa. Ao contrário da Inglaterra, que acabou por decidir que a caridade deve ser compulsória, administrada quase que totalmente pelo governo, nos Estados Unidos, a despeito das reclamações conservadoras sobre o alcance da assistência estatal, as instituições beneficentes ainda dependem muito de doações particulares. A religião arrecada a maior parte do dinheiro para caridade, mas sofre muita concorrência. As fundações têm proliferado nos anos mais recentes e dedicam-se a todas as causas imagináveis.

Há fundações que dão assessoria a outras fundações, que criam *sites* na Internet para elas, que orientam pessoas que desejam começar sua própria fundação. E existem fundações que verificam se outras estão usando bem seus recursos. Neste caso, parece que há aquelas que poderiam empregar bem melhor o dinheiro. Por exemplo, de acordo com a estimativa da A. McKinsey & Company, as instituições beneficentes poderiam liberar 100 bilhões de dólares por ano se mudassem suas técnicas de arrecadação de fundos e melhorassem seus hábitos de gerenciamento.

No início do século XX, o sociólogo Max Weber vinculou o avanço do capitalismo à ética trabalhista dos protestantes. Hoje, a própria caridade tornou-se um notável fator da economia americana. No fim do século, os Estados Unidos tinham 1,2 milhão de grupos religiosos, beneficentes e de assistência social, empregando 10,9 milhões de trabalhadores remunerados e 5,8 milhões de voluntários, significando, em 1998, 6,1 por cento da renda nacional, ou 443,6 bilhões dólares.

A caridade tornou-se uma profissão, no entanto parece que o materialismo superou o altruísmo. A maioria das pessoas preocupa-se muito mais com adquirir do que com doar. Pense no tempo gasto folheando catálogos de produtos à venda ou percorrendo lojas, compare isso com a atenção dada a nossas contribuições para caridade.

Líderes políticos exortam-nos a fazer trabalho voluntário, a ajudar os necessitados, mas nem assim os Estados Unidos conseguiram pôr os pés no segundo degrau da escada, pois isso requer que a doação seja proporcional ao sofrimento que se pretende aliviar. Temos mais bilionários do que qualquer outro país do mundo. Em 1991, dos 497 bilionários do mundo, 216 eram americanos. Contudo, o censo conduzido pelo U.S.

Bureau of Census mostrou, em setembro de 2002, que 32,9 milhões de americanos, 9,2 por cento da população total, eram oficialmente considerados pobres.

Quando o sofrimento mundial é incluído na equação, o desequilíbrio torna-se ainda maior. Os Estados Unidos, agora a única nação superpoderosa do mundo, não igualam seu domínio militar, econômico e cultural a seu dever de caridade com os outros países. Bombardear é sempre mais fácil do que construir — ou reconstruir. Em 1992, as 22 nações mais ricas, participantes da Organization for Economic Co-operation and Development concordaram em usar 0,7 por cento do Produto Interno Bruto para ajudar outros países. Na virada do século, quase todas as nações ricas haviam deixado de alcançar essa meta. A menor contribuição por porcentagem, embora a maior no total de dólares, foi a dos Estados Unidos, a nação mais rica do mundo. E, assim como o Citigroup vincula suas doações para beneficência a interesses comerciais, os Estados Unidos vinculam as suas a objetivos militares e econômicos e queixam-se quando sua filantropia não obtém os resultados desejados. J. Brian Atwod, ex-chefe da U.S. Agency for International Development, disse em um discurso ao Overseas Development Council: "A despeito de muitas missões comerciais bastante divulgadas, não vimos nenhum aumento de transações com as nações mais pobres. Elas não podem negociar porque não podem comprar coisa alguma."

Não é de admirar que as pessoas se tornem cínicas no que diz respeito à caridade. É muito fácil julgá-la corrupta, inútil ou, um meio de trapaça fiscal, é fácil desprezar a falsa piedade e a auto-exaltação que podem ser associadas ao ato de doar. E muitas vezes vemos o bem que fazemos ser testado por beneficiários ingratos. Mas também não será possível ver a caridade como uma transação na qual os termos estão sempre sendo reavaliados, compreender que a visão muda, à medida que vamos subindo a escada?

Falando com pessoas de todos os tipos, envolvidas com caridade, descobri que quase nenhuma estava preocupada em fixar uma porcentagem para suas doações. Como Maimônides, estavam interessadas em algo mais profundo do que doar de modo mecânico. Queriam encontrar uma fórmula diferente, uma equação que usasse a caridade como um laço para unir as pessoas.

"Minha opinião é de que dão muita ênfase à questão do dinheiro nessa história toda", disse Vincent McGee com impaciência quando lhe perguntei se era possível encontrar uma solução matemática. Ele um dia achou que queria ser padre e até estudou em um seminário, mas acabou orientando as pessoas sobre o modo como fazer suas doações em dinheiro. Quando o conheci, fazia 18 anos que ele ajudava sua principal cliente, Irene Diamond, a rica viúva do proprietário de uma empresa imobiliária, a distribuir grande porcentagem da fortuna do falecido marido.

"Eufemismos, jargões e rótulos sempre me deixam muito nervoso", ele disse. "Que não me venham falar de caridade ou filantropia, mas de envolvimento. As comunidades têm recursos extraordinários, e parte do desafio é descobrir como tornar esses recursos úteis ao indivíduo, à sua família, à sociedade como um todo. O desafio é não considerar isso uma doação, mas participação, que pode ser uma simples refeição oferecida a alguém, ou uma ida ao supermercado para fazer compras para uma pessoa inválida. Isso pode representar dez ou 100 dólares, uma adesão à Associação de Pais e Mestres, que está querendo conseguir um guarda de trânsito para a esquina da escola, e talvez possa evoluir para uma participação no processo político. Para mim, isso é ser um verdadeiro ser humano."

O *Webster's New World College Dictionary* distingue caridade e filantropia. Caridade, de acordo com a definição, é "o amor de Deus pela humanidade, ou amor ao próximo". Filantropia é "o desejo de ajudar a humanidade, especialmente expressado por doações a obras de caridade ou instituições humanitárias". Simplificando, podemos dizer que a caridade trata de uma necessidade imediata e que a filantropia trata do problema que gera a necessidade. Os dois modos de ajudar estão em conformidade com a filosofia de McGee.

McGee atua em círculos refinados. Tem como clientes pessoas como Swannee Hunt, membro da comunidade petrolífera de Dallas e ex-embaixador na Áustria, e sua irmã, Helen. Mas ele próprio veio da classe trabalhadora de Nova York. O pai era entregador da lavanderia do departamento de saúde pública, e a mãe, secretária da paróquia católica de seu bairro. McGee pretendia ser padre, mas, depois de passar um ano e meio em um seminário, decidiu que desejava ter uma experiência mais ampla.

E conseguiu. Durante a Guerra do Vietnã, tornou-se participante ativo do movimento antiguerra, lutando pelo ideal que o levaria a sua carreira profissional e também à cadeia, onde passou um ano, pelo fato de se opor ao alistamento militar. Mas, antes de ser preso, dirigiu uma organização formada por um grupo de seis mil executivos que se opunham à guerra e aprendeu a conduzir negócios nos quais o objetivo final não era o lucro, mas a realização de um propósito.

McGee acredita que a questão da proporção é mais moral do que matemática. A seu modo de ver, a medida correta é a ação, e ele sabe dizer exatamente quando chegou a essa conclusão. Era 1966 e ele ainda estava na faculdade quando leu um artigo de Paul Goodman, "The Psychology of Being Powerless" (A psicologia de ser fraco), na revista *The New York Review of Books*. Ele se lembra da essência do artigo: "No momento em que uma pessoa decide que não pode fazer nada a respeito de um assunto, ou que é incapaz de tomar uma decisão, ela se torna fraca e entrega seu poder a outra pessoa, que pode, ou não, usá-lo de maneira objetiva ou altruísta." Para McGee, a caridade deve ser vista como poder, um catalisador para a ação política e o desenvolvimento da alma, mas para isso é necessário que nós mesmos estabeleçamos a medida.

Como diz Michael Margitich, vice-diretor de desenvolvimento do Museum of Modern Art (MoMA) em Nova York, meio quilo de moedas de um centavo não equivale a meio quilo de comprovantes de depósito de 100 mil dólares, mas a quantia doada por alguém às vezes é enganosa. "Podemos receber uma carta de um doador de 25 dólares tão desapaixonada quanto a de qualquer outro contribuinte", ele me disse. "Doar proporciona um senso de propriedade, de que esse é meu museu, meu balé, essa é minha orquestra."

Margitich concluiu que doar para artes não é o mesmo que caridade, porque a reciprocidade é mais evidente e explícita, satisfazendo o desejo de uma pessoa de ter contato com a pintura, a música ou a dança. Mas muitos dos mesmos princípios aplicam-se a esse caso, assim como muitas perguntas. Embora uma instituição como o MoMA não possa sobreviver sem seus importantes mantenedores, Margitich acredita que a paixão é um elemento vital que deve ser incluído na determinação da proporção. Ele pensa assim por causa de suas experiências como doador, não como arrecadador de fundos profissional. Começou a fazer doações a uma fundação de cães-guias, no interior do estado de Nova York, porque admirava sua estratégia de *marketing*: uma pequena tabela que a fundação lhe mandou, explicando exatamente quantos cães podiam ser adestrados com 100 dólares.

Mas a paixão apareceu só depois que ele mandou sua contribuição de 100 dólares e recebeu um cartão pessoal do diretor de desenvolvimento. Ficou tão emocionado que mandou outro cheque. "Foi tão bom", ele disse. "Apesar de esse ser meu negócio, tive aquela reação. Fiquei comovido."

Qual é o valor de emocionarmos alguém, ou de ficarmos emocionados com a atitude de uma pessoa? E como calcular o valor do tempo, do amor, do mais simples gesto que pode alterar uma vida? É possível aplicar princípios de contabilidade à virtude? Na década de 1990, quando a WGBH, a emissora pública de televisão de Boston, reprisou um programa de 20 anos antes, chamado *Zoom*, dedicado a crianças, apresentado e criado por crianças, os produtores decidiram introduzir segmentos sobre trabalho voluntário, que antes não haviam feito parte do programa. Foi uma verdadeira inundação de videoteipes que mostravam crianças organizando coletas para caridade, indo a um salão de beleza que doava os cabelos cortados para a confecção de perucas para crianças com câncer, pedindo dinheiro em festas de aniversário para comprar ração para os cães do abrigo de animais da cidade.

Como explicou Kate Taylor, diretora da programação infantil da WGBH, tudo começou porque ela e os psicólogos consultores do programa acharam que as crianças estavam procurando uma conexão espiritual. Já haviam observado que as crianças daquela década eram doutrinadas para adquirir uma consciência ecológica e agora imaginavam se essa sensibilidade poderia ser ampliada. Os episódios de *Zoom* incentivavam uma ação que ia além da simples doação de dinheiro. "Queríamos situações em que as crianças tivessem realmente contato com outras pessoas e conhecessem a simpatia mútua que se cria entre quem dá e quem recebe", Kate Taylor explicou. Essa sua idéia era tão firme que, depois do 11 de Setembro, juntamente com seus colaboradores, decidiu que deviam produzir um segmento focalizando o trabalho comunitário. Ela, que também é mãe, tinha interesse pessoal no projeto.

"Para as crianças, que se sentiram totalmente indefesas pela destruição do World Trade Center e pela percepção de sua extrema vulnerabilidade, com tanta guerra no mundo, é importante sentir que podem fazer alguma diferença na sociedade, que podem tornar sua comunidade mais forte. Criamos um segmento sobre um grupo de crianças que foram até o quartel do corpo de bombeiros, não em Nova York, para agradecer por tudo o que eles fazem. Serviço voluntário pode consistir numa maneira de ajudar as crianças a atravessar essa fase em que nada podem fazer. Não podem votar. Não podem opinar a respeito de como as coisas devem se desenrolar, mas podem praticar alguma ação positiva, de modo que não se sintam inúteis."

Os produtores da WGBH compreendem que o programa *Zoom* não pode ser um substituto para o exemplo dos pais, querem tão-somente instilar nas crianças o desejo de doar, ajudá-las a associar boas ações com uma boa sensação. "De outra forma, elas crescerão como pessoas egoístas, que só dão alguma coisa quando lhes é conveniente, ou que estão de tal modo empenhadas em alcançar seus objetivos pessoais que perdem de vista o propósito essencial da caridade: ajudar os *outros.*"

Carmen Vega-Rivera é diretora-executiva do New York City's East Harlem Tutorial Program, que recruta professores voluntários para dar aulas particulares aos estudantes do bairro, onde as escolas não alcançam bons resultados. Os alunos inscritos no programa, cerca de 400 por ano, são porto-riquenhos, mexicanos, afro-americanos e alguns asiáticos. Os professores eram todos americanos brancos de origem européia, até que Carmen assumiu a direção do programa, em 1988, e começou a incentivar pessoas de outras raças a lecionar como voluntárias. Agora, apenas entre 60 a 70 por cento dos professores são brancos descendentes de europeus.

Esse trabalho é um grande compromisso: duas horas e meia por semana, durante um ano inteiro. Mas os voluntários em geral sentem-se bem com o que estão fazendo, com o contato com outras pessoas e com a oportunidade que o programa oferece às crianças menos afortunadas. Mas, de vez em quando, de acordo com Carmen Vega-Rivera, os voluntários chegam com expectativas exageradas. "Dizem, por exemplo, que querem trabalhar com tal criança da sexta série para que ela possa ir para uma universidade renomada, então temos de pedir-lhes para não impor seus próprios valores e expectativas aos alunos."

Ela me contou a respeito de um voluntário que gastou uma enorme quantia para comprar roupas para um aluno que usava um suéter roto. Novamente, uma questão de proporção. Neste caso, menos teria sido mais. Isso, porém, não foi nada, comparado com o caso do voluntário que comprou um carro para um aluno. Carmen riu, ao me contar isso. "O que esse professor estava pensando?"

Eu compreendia sua atitude, mas também podia imaginar o que aquele voluntário devia estar pensando, ou desejando: que um único presente generoso pudesse resolver *tudo*, corrigir uma situação de desequilíbrio, com uma noção de Hollywood de final feliz.

Quando Carmen Vega-Rivera me contou essa história, mais uma vez pensei em como pode ser quixotesca a busca da retidão e da justiça, particularmente quando o mal e a iniqüidade são tão persistentes.

Quando saí do metrô na 103rd Street, na zona leste de Nova York, a caminho daquela entrevista, me senti como se estivesse entrando em outro país, um país de língua espanhola e muito pobre, embora estivesse a menos de nove quilômetros de meu bairro, terra dos sapatos de 400 dólares. Passei por uma grande escola pública onde ardia uma fogueira no pátio de piso de cimento, lançando fumaça escura para o céu.

Entrando no prédio azul-claro, que abrigava a sede do East Harlem Tutorial, um alegre ponto de exclamação numa paisagem de cor parda, pensamentos tristes encheram minha mente. O Pentágono alertava sobre possíveis ataques nucleares, e uma outra guerra surgia no horizonte. Os israelenses e palestinos estavam se matando — de novo — numa proporção alarmante. A Igreja Católica Romana fora assolada por escândalos sobre padres que molestavam crianças. As empresas americanas apareciam nos noticiários mais por sua corrupção do que por sua capacidade de inovação. Como Maimônides se sentiria a respeito de sua pesquisa num mundo como este?

Há dias em que a escada balança muito. Então, penso em pessoas como Carmen Vega-Rivera, pessoas com um senso utópico de proporção, que se recusam a determinar limites para seus sonhos. Ela me afetou mais com o que me contou para explicar por que faz o que faz.

"Cresci não muito longe da rua Bowery, e costumávamos ir lá passear", ela me disse. "Eu via aqueles homens sofrendo. Nasci em 1954, de modo que isso acontecia naquela década e na de 1960. Sempre simpatizei com os homens da Bowery. Por que estavam naquela situação? Por que sofriam tanto? Lembro que conversei com um deles e soube que ele tinha profissão, mas que perdera tudo e chegara ao fundo do poço. Aquilo realmente mexeu comigo. Eu sonhava que um dia os grandes de Manhattan interfeririam, que mandariam muito dinheiro, então poderíamos ajudar todos os homens da Bowery a se levantar, refazer a vida, e que tudo ficaria perfeito para eles."

Naquele ponto de sua história, ela olhou para mim e deu de ombros, como se houvesse feito uma confissão embaraçosa. Então, sorriu. "Ainda sonho com isso, sabe?", continuou. "Adoro o trabalho que estou fazendo. Quase morro quando vejo pessoas jovens irem para o fundo do poço. Elas têm muito potencial."

Pareceu-me que os pratos de sua balança estavam equilibrados.

**8**

RESPONSABILIDADE

---

**7**

ANONIMATO

---

**6**

CORRUPÇÃO

---

**5**

LIMITES

---

**4**

VERGONHA

---

**3**

**SOLICITAÇÃO**

---

2

PROPORÇÃO

---

1

RELUTÂNCIA

---

*Dar dinheiro aos pobres depois que eles nos pedem.*

Percy Lane Oliver foi um funcionário da Cruz Vermelha em Londres cuja solução prática para um problema urgente resultou em uma revolução. Nascido na Inglaterra em 1878, ele era auxiliar de bibliotecário, funcionário público, mas encontrou sua verdadeira vocação no trabalho voluntário. Na Primeira Guerra Mundial, juntamente com a esposa, ajudou a organizar albergues para alojar refugiados, e depois da guerra continuou seu trabalho na Cruz Vermelha. Uma noite, em 1921, recebeu um telefonema urgente de um hospital próximo que estava precisando de um doador de sangue. Reuniu alguns colegas de trabalho e foram juntos ao hospital. Uma dessas pessoas, uma freira, foi escolhida como doadora.

Era assim que as coisas funcionavam naquele tempo. Médicos e pacientes dependiam de "transeuntes", como eram chamados os doadores voluntários. Era um sistema que não oferecia segurança, que deixava muita coisa por conta do acaso, por exemplo, um doador com o tipo certo de sangue apareceria no momento em que um paciente estivesse precisando?

Inspirado por aquela excursão noturna ao hospital, Oliver decidiu tirar o elemento acaso do sistema de doação de sangue. Organizou um grupo de voluntários que concordaram em registrar seu tipo de sangue e estavam dispostos a doá-lo quando fossem chamados em uma emergência. Não era um sistema sofisticado. Os nomes e números de telefone eram anotados em cartões, e Oliver dirigia o serviço de sua sala de visitas. Mas, cinco anos depois, ele registrara 400 pessoas, que atenderam a mais de 700 chamados. Com o tempo, essa operação doméstica, criada com praticidade e dedicação, desenvolveu-se até tornar-se um serviço nacional de doação de sangue.

Lembrei-me de Oliver quando meu marido recebeu um folheto amarelo do New York Blood Center, que dizia: "Faça três doações de plaquetas, entre 28 de agosto e 31 de outubro, e ganhe um vale de 25 dólares para o Applebee's Neighborhood Grill & Bar."

Havia também o número de telefone de uma pessoa chamada Julie Petrosh, que daria qualquer outra informação necessária.

Telefonei para ela, e foi uma voz feminina agradável, gravada em uma secretária eletrônica, que respondeu. "Se você tem direito ao vale-presente do Border ou ao relógio de brinde, informo que eles ainda não foram enviados aos doadores", dizia a mensagem, além de informar um número de telefone pelo qual se poderia marcar uma entrevista para doação e o número do celular de Julie Petrosh. Ela finalizava a mensagem em tom alegre: "Obrigada, e tenha um ótimo dia."

Maimônides coloca no terceiro degrau a pessoa que ajuda *depois* que lhe pedem, abaixo daquela que simplesmente dá. Ele achava importante proteger a dignidade dos necessitados, que não deveriam ter de implorar por ajuda.

Sua compreensão da solicitação é profunda. Por que precisamos ser persuadidos ou importunados?A resposta é rápida. Precisamos disso pela mesma razão que as crianças exigem persuasão e importunação, até mesmo ameaças e subornos: porque nem sempre fazemos o que temos de fazer. Rambam louva os que encorajam os outros a dar: "Aquele que pressiona os outros a dar esmolas, impulsiona-os para a ação, então sua recompensa é maior do que a de quem apenas dá." Citando o livro de Daniel 12:3, ele escreveu: "Os que a muitos conduzirem à justiça, brilharão como as estrelas."

Hoje, entretanto, a solicitação tornou-se não um mero pedido de ajuda, mas um golpe de *marketing*, uma estratégia de vendas. Não basta que a causa seja nobre, é preciso oferecer reciprocidade. Doação de sangue não dá direito a dedução do imposto de renda? Mas eles oferecem um relógio, uma refeição, um livro. É bom para os negócios, bom para o suprimento de sangue, bom para o doador. Um jogo de caridade.

Quando Julie Petrosh retornou minha ligação, ela dispensou qualquer crítica implícita àqueles que precisam de incentivo extra para doar sangue. "Na época de hoje, as pessoas são tão ocupadas que temos de pedir", ela disse. "A principal razão pelas quais as pessoas doam sangue é que alguém lhes pede para fazer isso. Acho que elas querem doar, seja dinheiro, sangue ou tempo. Estão dispostas a isso, mas temos de pedir." Ela salientou que doar plaquetas, por exemplo, requer uma boa dose de compromisso. Enquanto uma doação normal leva 45 minutos, do começo ao fim; uma doação de plaquetas exige uma hora e meia, porque os componentes do sangue são separados, as plaquetas, retiradas, e o resto retorna ao doador.

Senti-me culpada, ouvindo-a descrever essa forma mais direta de doar, tão pura, nada menos que oferecer a própria vida. Doei sangue uma vez e desmaiei. Queda de pressão arterial. Meu marido, no entanto, acha que doar sangue é um tipo de caridade particularmente elevado, primordial, muito mais gratificante do que doar um cheque, embora também não seja mesquinho quanto a isso. Durante algum tempo, ele foi um doador regular, mas por um certo período as exigências de seu novo trabalho o mantiveram longe do banco de sangue. Esse foi o motivo pelo qual recebemos o folheto que foi enviado a todos aqueles que estavam registrados como doadores, ou que haviam tentado doar mas tinham sido rejeitados por um problema temporário, como um resfriado ou uma tatuagem feita recentemente.

As promoções do banco de sangue não tinham começado à toa, mas em reação à lei de oferta e procura. Excetuando-se o período subseqüente ao 11 de Setembro, o número de doadores nos Estados Unidos vem declinando há anos. Um dos motivos é a época: campanhas de sangue foram popularizadas durante as duas guerras mundiais do século passado, e doar sangue significava ser patriota e um bom cidadão. Esse impulso perdeu a força nas gerações que se seguiram. A epidemia de Aids fez com que as pessoas tivessem medo de sangue. Então, veio o mal da vaca louca, e as normas governamentais tiveram por finalidade eliminar o risco de a doença entrar no suprimento de sangue dos Estados Unidos, diminuindo ainda mais o número de doadores.

As promoções são complicadas. Os bancos de sangue não querem que sejam atraentes demais, para não incentivar as pessoas a falsificar credenciais para ganhar os prêmios. O New York Blood Services limita o valor do incentivo a 25 dólares, de modo que doar sangue seja algo atraente, mas não excessivamente. "As pessoas são motivadas por motivos diferentes", disse Julie Petrosh. "A quem doa motivado pela bondade, nós agradecemos, e damos prêmios àqueles que precisam de um empurrão."

Ela não se importa por ter de incitar pessoas a doar sangue. "Só o fato de elas aparecerem já é fantástico", comentou. Seu trabalho é fazer com que seja mais fácil as pessoas serem fantásticas. É por isso que Julie prefere usar restaurantes de redes para suas promoções, lugares onde 25 dólares pagam um almoço para duas pessoas. "Onde seu dinheiro tem algum valor", ela acrescentou.

Todavia, não é o dinheiro, necessariamente, que as pessoas querem, mas o prazer de ver que sua bondade é apreciada e recompensada. A campanha mais bem-sucedida do New York's Blood Center ocorreu em um Dia das Mães, para doação de plaquetas. O banco de sangue mandou flores e bombons para as mães dos doadores. Parece que as pessoas gostaram da idéia de que suas mães saberiam que elas haviam feito uma boa ação.

Logo depois de minha conversa com Julie Petrosh, ainda refletindo sobre a questão de sangue e caridade, lembrei-me de uma pasta em minha estante marcada por um rótulo: "Altruísmo e morcegos-vampiros". Eu tivera a curiosidade de saber se o impulso de doar tinha algum fundamento biológico e se existia em outras espécies além da humana. Se fosse assim, os animais só doavam quando eram requisitados? A solicitação era parte natural do processo de doar?

Lera pesquisas sobre morcegos-vampiros, que se alimentam de sangue sugado de animais de grande porte, à noite. Uma das mais mencionadas era a de Gerald Wilkinson, professor de biologia da University of Maryland. Ele observara morcegos-vampiros na Costa Rica por mais de cinco anos. Descobriu que alguns bebiam mais sangue do que o necessário e que levavam o excesso para outros morcegos, mas apenas quando esses imploravam. Isso tem um sentido evolucionário, no que se refere a morcegos. Eles estão preservando a espécie. Muitas e muitas vezes, ele viu esse ritual de solicitação e doação entre morcegos que, embora vivessem no mesmo oco de árvore, ou no mesmo grupo de árvores, não eram afins. Um morcego suplicante lambia a boca do possível doador, que se esquivava ou cedia e transferia o sangue para a boca do pedinte.

Wilkinson notou que a generosidade dos morcegos-vampiros em relação a outros com os quais não tinham parentesco parecia ter alguma razão. Descobriu que era muito mais provável que os morcegos alimentassem outros que os alimentaram no passado, mas que ignoravam os novos morcegos que ele juntou ao grupo que estava estudando. As fêmeas doavam, os machos, não.

Os cientistas chamam esse comportamento de altruísmo recíproco, uma teoria desenvolvida para conciliar a generosidade mostrada pelos morcegos-vampiros ou outros animais e a teoria de Darwin, da evolução pela seleção natural. Ajudar os outros, principalmente aqueles que não são parentes, parece contrário à noção de que apenas os melhores devem sobreviver. Mas, no caso de animais, assim como de humanos, os motivos que os levam a doar são variados. Quando um chimpanzé dá comida a um outro que lhe pediu, a dádiva pode ser uma forma de autoproteção. Quando o banco de sangue oferece a meu marido o "prêmio" por sua doação, existe aí um excesso de altruísmo recíproco: um novo cliente para o Applebee, plaquetas para o banco de sangue e, para meu marido, a satisfação de doar e depois a de fazer uma refeição a preço razoável.

Para Maimônides, porém, a biologia não era um destino traçado, assim como a inclinação para a caridade não era necessariamente predeterminada. Mesmo que o altruísmo seja genético, e ele não parecia considerar que fosse, seu trabalho era ajudar a melhorar a matéria-prima. "Não pensem que o caráter de uma pessoa é determinado no nascimento", ele escreveu. "A nós foi dado o livre-arbítrio. Qualquer pessoa pode tornar-se justa como Moisés, ou tão perversa quanto Jereboão. Nós próprios decidimos se seremos cultos ou ignorantes, bondosos ou cruéis, generosos ou avaros. Ninguém nos força, ninguém decide por nós, ninguém nos arrasta por um caminho ou outro. Nós, por nossa própria vontade, escolhemos o caminho." No entanto, Maimônides também era supersticioso, pois submeteu-se ao costume dos judeus, que prometiam fazer caridade se Deus fosse misericordioso com eles. Isso não é muito diferente do que Paolo Alavian fez, quando prometeu doar para caridade o equivalente ao salário de uma semana assim que tivesse seu primeiro sucesso nos negócios.

Depois que muçulmanos fundamentalistas ocuparam a Espanha no tempo de Rambam, os judeus foram proibidos de praticar publicamente sua religião. Muitos levavam uma vida dupla, praticando o judaísmo em casa e disfarçando-se de muçulmanos em público, até mesmo indo à mesquita nos dias santos. O pai de Maimônides recusou-se a fazer isso e levou sua família para o exílio. Viveram em estradas durante anos, até que se estabeleceram em Fez, onde também os judeus foram obrigados a fingir que eram muçulmanos. Dessa vez, Maimônides não fugiu, até que um novo líder, Abu Yakub Yussaf, assumiu o governo em 1163 e deu início a uma perseguição implacável aos judeus. Então, decidiu fugir para a Palestina com o pai, um irmão e as irmãs. Depois de viajar vários dias a pé, a família embarcou em um navio para um percurso de um mês. Certo dia, o navio foi açoitado por uma terrível borrasca, e, aterrorizado, Maimônides propôs uma barganha a Deus: se sobrevivessem, faria caridade e obrigaria seus filhos a fazer o mesmo. Chegaram sãos e salvos. Tempos depois, porém, Maimônides compreenderia a futilidade do troca-troca e do humilhante pavor de se sentir forçado a implorar. Embora sempre fizesse caridade, seu amado irmão, David, em uma viagem de negócios para a Índia, foi tragado pelo mar. A caridade não impediu a tragédia, mas o sofrimento deixou uma marca indelével nos ensinamentos de Rambam.

Então, como qualquer outro aspecto da generosidade, a solicitação não é algo simples. Não faz mal pedir e oferecer algo em troca, mas a caridade não pode ser um elemento de barganha. E, embora não houvesse nenhum intermediário entre Maimônides e seu Deus, na moderna filantropia a presença de um mediador entre os que têm dinheiro e aqueles que precisam dele é sempre útil.

Fiz uma visita a um mestre da arrecadação, John Rosenwald, ex-vice-presidente de corretagem de ações da firma Bear Stearns, que uma vez *The New York Times* descreveu como "garoto-propaganda da arrecadação de fundos". A matéria dizia como ele arrecadara 2,3 bilhões de dólares para grandes organizações sem fins lucrativos: a New York University, na parte do Mount Sinai New York University Medical Center and Health Care, a Central Park Conservancy, o Metropolitan Museum of Art e para as escolas que cursou, Dartmouth e Deerfield Academy. O total beirava os 3 milhões de dólares quando as campanhas nas quais ele trabalhava foram encerradas.

Depois da matéria publicada no *Times*, Rosenwald recebeu vários convites para palestras sobre filantropia. Ele gosta de falar sobre sua abordagem de vendedor para arrecadar e doar fundos. Quando lhe telefonei e disse sobre o que estava escrevendo, ele me convidou para ir ao escritório que ainda mantém na Park Avenue.

Perguntei-lhe o que ensina aos arrecadadores de fundos e ele respondeu que começa dizendo que é necessário saber adaptar-se às mudanças.

"Digo que o mundo deles está mudando, e que eles não vêem isso." Em seguida, apontou para o computador desligado e prosseguiu: "Está vendo essa coisa? Mostra como minha vida muda a cada minuto. Wall Street! Ligo o computador e descubro que Bush está na Rússia, que disse alguma coisa que irritou Putin, e o mercado caiu 200 pontos. Deus nos livre! Eu sei o que é mudança."

O escritório, um pequeno espaço com uma grande vista, combinava com seu ocupante, um homem íntegro dotado de muita energia, autoconfiança e charme. Com tudo isso, doar fica parecendo teatral, fascinante, fácil.

"Recebo muito mais do que dou", ele me disse. "Como quando eu era membro da diretoria da Dartmouth, e o coral da escola viajou cinco horas até Nova York, em plena época de exames, e cantou três canções para mim."

Ajeitei-me na cadeira para apreciar o *show*, de vez em quando lançando um olhar para os presentes de agradecimento que decoravam o escritório: o modelo do Metropolitan Museum com um grande cifrão na fachada, o estetoscópio de ouro maciço da New York University Medical School, as cartas de recomendação emolduradas.

Rosenwald me viu olhando para seus troféus e continuou:

"Tudo isso é ótimo. Mas melhor que tudo é o fato de eu ser convidado para participar de excelentes diretorias, de fazer amigos maravilhosos, pessoas que de outro modo eu nunca conheceria. Sou franco em dizer que meu trabalho tem me trazido enormes benefícios. Vou a sala de reuniões de uma ou outra diretoria, sento-me ao lado do CEO e, quando vejo, nós dois estamos fechando um negócio."

Doar sempre foi bom para os negócios. As nações tribais da América do Norte tinham um ritual de troca de presentes para estabelecer relações diplomáticas, o *potlatch*. Nos Estados Unidos, caridade e trabalho em rede foram oficialmente vinculados em 1905, quando um advogado chamado Paul Harris fundou o primeiro Rotary Club, em Chicago. A idéia era combinar deliberadamente negócios com lazer, mas quando o clube fez sua modesta, porém valiosa, estréia na filantropia, a construção do primeiro sanitário público da cidade, a prestação de serviços foi acrescentada às outras atividades. Agora o Rotary International existe em mais de 160 países e tem grandes ambições, inclusive uma vacinação global contra a poliomielite, para que todas as crianças do mundo sejam imunizadas.

Maimônides aprovaria isso. Ele apreciava o homem que "pressiona os outros a dar esmolas". Mas nunca deixou claro até que ponto se deve pressionar. Alguns anos atrás, John Rosenwald e seu sócio, Ace Greenberg, começaram a pressionar seus clientes de corretagem a doar uma porcentagem de seus proventos para uma instituição de sua escolha. Mas forçar não é o mesmo que pedir, e pode causar o efeito indesejável de fazer com que a caridade se torne uma espécie de obrigação. Rosenwald não concorda com isso, e explicou por quê:

"Filantropia é um hábito maravilhoso, mas acho que não nascemos com ele. Quando forçamos as pessoas a doar uma porcentagem de sua renda, elas vêem que podem doar quatro por cento sem precisar parar com os jogos de boliche dos sábados à noite."

Também não o incomoda o fato de que essa política tornou-se um benefício para a Bear Stearns.

"Foi melhor do que pôr anúncios nos jornais", ele disse. "As pessoas falavam de nós de modo mais favorável, dizendo que podíamos ser corretores durões, mas que ninguém podia negar que éramos caridosos, filantrópicos!"

Agora seu trabalho em tempo integral é a filantropia, e pedir, sua forma de arte. Como exemplo de sua mestria, ele contou a história do diretor de um serviço de enfermagem domiciliar que se queixou de que os membros de sua diretoria eram letárgicos, que o jantar de gala beneficente que organizavam todos os anos não surtia o efeito desejado. Rosenwald sugeriu-lhe que levasse ao jantar alguém cuja vida fora salva por uma enfermeira domiciliar, para que essa pessoa contasse sua experiência. Por exemplo, uma velhinha. Neste ponto da narrativa, ele recitou, imitando a voz trêmula de uma idosa:

"Eu estava na cama, sozinha, então minha enfermeira domiciliar chegou e salvou minha vida."

Foi uma representação divertida e eficiente, mas não me convenceu. Seria aquele o melhor meio de cuidar dos idosos e doentes?

"O senhor é muito bom nisso", comentei, pensativa. "Mas, comparado com um sistema em que enfermeiros domiciliares são pagos pelo governo, a educação é paga pelo governo, me parece que esse deixa tudo muito por conta do acaso. Vocês só ficam sabendo de coisas que lhes são informadas. Não existe um jeito melhor de trabalhar com os carentes?"

Rosenwald abanou a cabeça.

"Não sei", admitiu.

Ele não é filósofo, é um homem de ação. Se perdesse tempo com perguntas sem respostas, não estaria onde está.

"A realidade é que vivo onde vivo, faço o que faço", disse. "Fico sabendo de certas coisas e trabalho com elas."

Isso nos levou a falar do motivo pelo qual ele aceitou fazer parte da diretoria da Teachers College da Columbia University depois de dizer não durante cinco anos ao pedido de Arthur Levine, o reitor, para que aceitasse. Ele adorou, quando Levine lhe disse: "Vou eliminar os 17 departamentos e começar tudo de novo."

"Ele é um sujeito corajoso, e quero ajudá-lo. Foi por isso que aceitei," Rosenwald me explicou. "Agora vou me envolver com esse trabalho porque acho que é importante, fabuloso, e quero ajudar Levine. A vida não se resume nisso?"

Ele sabe que algumas mensagens têm mais ressonância do que outras. Que há questões sobre qualidade de vida, que há vida e morte.

Dois dias depois do 11 de Setembro, ele telefonou para Richard Grasso, diretor do New York Stock Exchange, e pediu-lhe para oferecer um café-da-manhã beneficente, reunindo a comunidade de Wall Street. Vinha trabalhando numa campanha importante para a construção de um novo pronto-socorro na New York University Downtown, no antigo hospital Beekman. A campanha estava indo devagar. O hospital, localizado na divisa de Chinatown e perto do Lower East Side, não tinha qualquer prestígio, apesar de ficar a apenas alguns quarteirões de Wall Street. O hospital da NYU Downtown não prestava serviços à clientela abastada, e vice-versa.

A carreira de Rosenwald fora construída com base em sua capacidade de não perder nenhuma oportunidade. O trágico acontecimento que abalou sua cidade aguçou esse instinto. Ele viu, naquele 11 de setembro, que o NYU Downtown fora o hospital escolhido para o atendimento às vítimas simplesmente porque seu pronto-socorro era o mais próximo do Marco Zero.

Ele me explicou sua estratégia: "Pedi ao chefe do pronto-socorro que comparecesse ao café-da-manhã usando aquela roupa verde de médico... um jaleco. Mostramos *slides* do pronto-socorro, que normalmente atendia de 35 a 40 pessoas por dia, atendendo mais de 900, no 11 de Setembro, sem luz e sem telefone. O médico contou como foi, como tiveram de trabalhar. Quando ele acabou de falar, levantei-me e disse aos convidados: 'Sei que vocês moram em Greenwich mas, se algo acontecer a vocês no local de trabalho, Wall Street, é para esse pronto-socorro que serão levados. Então, vão nos ajudar?'"

Quando a refeição terminou, já estava garantida a quantia necessária para a construção de um novo pronto-socorro.

Rosenwald também se delicia quando é alvo de uma solicitação habilidosa, pois sabe como isso pode ser difícil. Como ele mesmo diz, se não fosse assim, como saberia o que acontece pela cidade toda?

Certa vez, comprou uma mesa para um jantar em benefício de escolas católicas porque seu grande amigo, Tom Murphy, ex-chefe da Capital Cities, ia ser homenageado. Sem que soubesse como, acabou convidado para tomar o café-da-manhã com o cardeal O'Connor, em cuja casa conheceu uma freira, membro da equipe do cardeal, que depois começou a insistir em que ele fosse visitar uma das escolas mantidas por bolsas de estudos.

"Eu disse a ela: 'Com todo o respeito, irmã Gallagher, estou atolado até o pescoço em obras de caridade. Gosto muito de vocês todos, mas só comprei uma mesa para o jantar por causa de Tom. Não estou envolvido nisso'", Rosenwald contou.

Mas a freira começou a lhe telefonar e não parou mais. Por fim, ele cedeu. Ela foi buscá-lo em um decrépito Oldsmobile e levou-o ao bairro mais horrível que ele já vira. Vidraças quebradas em todos os cantos, gente dormindo nas ruas. Então, a porta da frente da escola abriu-se, as crianças marcharam para fora, usando seus *blazers*, e Rosenwald foi cativado. Ele assistiu a aulas o dia todo, soube como os professores e a diretora haviam conseguido, numa das zonas mais turbulentas de Nova York, fazer 85 por cento dos alunos chegarem à formatura. A irmã Gallagher atingiu seu objetivo: Rosenwald e a esposa "adotaram" a escola, isto é, concordaram em cobrir seu déficit operacional.

Então, eu perguntei se aquele tipo de encontro por acaso, como o que ele tivera com a freira, que tanta fé depositara em sua solicitação, era o melhor meio de lidar com o desequilíbrio entre os ricos e os pobres.

"A brecha!", ele exclamou. "Essa brecha é o maior problema do mundo."

Então, mudou de assunto, ou assim pareceu, perguntando-me como eu me envolvera com o Bowery Residents' Committee. Respondi que tinha sido por uma série de fatores. Eu queria me envolver com alguma coisa, um amigo me falou da organização e eu moro perto.

"Querida menina... Posso chamá-la assim? Você entrou nessa do mesmo jeito que eu", declarou em tom de triunfo. "Uma coisa é doar um cheque para o fundo do 11 de Setembro e achar que cumpriu sua obrigação, mas outra, diferente, é engajar-se, além de doar dinheiro, porque o engajamento é produto de uma paixão."

Ocorreu-me que a paixão vem do conhecimento. Talvez esse seja o subtexto do terceiro degrau da doação, o nível em que damos quando nos pedem. Maimônides era totalmente a favor da solicitação, mas esperava que, conhecendo alguma coisa a respeito da pessoa carente, o benfeitor fosse levado ao envolvimento, empurrado para o nível em que ajudaria sem que o necessitado precisasse pedir.

**8**
RESPONSABILIDADE

---

**7**
ANONIMATO

---

**6**
CORRUPÇÃO

---

**5**
LIMITES

---

**4**
**VERGONHA**

---

3
SOLICITAÇÃO

---

2
PROPORÇÃO

---

1
RELUTÂNCIA

---

*Dar dinheiro aos pobres antes que eles nos peçam, mas correndo o risco de que se sintam envergonhados.*

Em 1949 o *The New York Times* fez uma alteração significativa em sua campanha anual Neediest Cases (Os casos mais necessitados). Pela primeira vez, desde que começara a lançar seu apelo de Natal, em 1919, o jornal parou de fazer distinção entre pobres "que mereciam" e que "não mereciam".

"Que mundo triste seria este, se ajudássemos apenas aqueles que julgássemos totalmente inocentes!", escreveu um redator de editorial, explicando a mudança de procedimento do jornal. "Muitos de nós criamos nossa própria má sorte e supomos que algumas das pessoas apresentadas na Neediest Cases não estariam com problemas agora se tivessem conduzido sua vida de modo diferente. Eventualmente, quando nos pedem ajuda, até pode ser adequado lembrar as palavras de lorde Chesterfield: 'Não negue sua caridade nem mesmo àqueles que não têm outro mérito a não ser sua miséria.'"

Muitos pensadores conservadores consideram essa visão benevolente um sintoma de tudo o que há de errado na política do governo americano com referência à pobreza. "O protótipo de um caso de necessidade, nas primeiras décadas em que foi feito o apelo, sempre foi uma viúva laboriosa ou um órfão corajoso. Hoje, é mais fácil que seja uma mulher que cria cinco filhos sozinha e acha insuficiente o dinheiro que recebe da assistência social", escreveu Heather MacDonald em *The Burden of Bad Ideas*, uma crítica ao *Times* e a outras instituições que ela considera liberais.

"A elite um dia estabeleceu para os pobres os mesmos padrões que fixou para si mesma: o caráter moral determinava o valor do pedido de assistência de uma pessoa. Os que trabalhavam e levavam uma vida decente, e ainda assim eram esmagados pela adversidade, mereciam ajuda, os ociosos e dissolutos não mereciam. Com o passar do tempo, porém, a elite começou a ver que a causa da pobreza não residia no caráter e no comportamento das pessoas, mas nas vastas forças sociais e econômicas que supostamente determinavam o destino individual. Em reação a isso, a necessidade tornou-se o único critério para a assistência, sendo o caráter moral irrelevante."

Outros autores conservadores trazem Maimônides para tais discussões, focalizando o degrau mais alto da escada: fazer um empréstimo para ajudar uma pessoa a ajudar a si mesma. Costumam ignorar o quarto degrau, "dar dinheiro aos pobres antes que eles peçam", que enfatiza a importância de evitar que eles se sintam humilhados, e isso é um erro. Não há nenhum elevador expresso que nos leve ao degrau mais alto da escada. Para apreciar realmente a Escada de Rambam, precisamos subi-la aos poucos, degrau por degrau.

A noção de que a caridade não é algo isolado, mas que faz parte da vida, é encontrada em *Forty Hadith of an-Nawawi* (Quarenta ensinamentos de an-Nawawi), um registro da tradição islâmica. "Todas as organizações e pessoas devem fazer caridade cada dia em que o sol nasce. Agir para estabelecer a justiça entre duas pessoas é caridade. Ajudar um homem com sua montaria, erguendo-o para que monte, ou ajudando-o a erguer seus pertences, é caridade. Uma boa palavra é caridade. Cada passo que damos orando é caridade, e remover qualquer coisa perigosa da estrada é caridade."

Maimônides criou suas regras para ajudar as pessoas a pensar em doar com justiça, não para impedir que certas classes de pessoas recebessem ajuda. Ele não queria nem que as pessoas se preocupassem com a possibilidade de estarem sendo enganadas por um farsante. Em seu tratado, *Gifts to the Poor*, ele estipula: "Se um pobre completamente desconhecido se aproximar, dizendo que está com fome, pedindo algo para comer, não deve ser examinado como se fosse um impostor, mas receber alimento imediatamente." Também especifica que, se o pobre receber mais do que precisa, tem o direito de ficar com o que sobrar.

Talvez porque sua família tivesse conhecido a humilhação do exílio e da falta de posses, Maimônides tivesse aguda consciência de como é fácil alguém se tornar um pária. "Deve-se tomar muito cuidado para não envergonhar outra pessoa em público, seja um jovem ou um velho, com insultos ou mexericos", ele escreveu.

Por outro lado, há quem acredite que mais vergonha, e não menos, deveria marcar a pobreza. "A ajuda, quando é impessoal e imposta por lei, destrói qualquer senso de moralidade", escreveu Gertrude Himmelfarb, uma erudita conservadora. "O doador (o que paga impostos) ressente-se por ser um contribuinte involuntário, e quem recebe não sente nenhuma gratidão pelo que obtém por uma questão de direito, e que, seja como for, julga insuficiente."

Ela invoca o exemplo dos asilos para pobres da Inglaterra vitoriana, cujos efeitos restritivos sobre as pessoas brotavam "do fato humilhante, degradante, de elas estarem ali". Explica que, naturalmente, nunca sugeriria a volta dos asilos, apenas de sua filosofia realista.

Ninguém nega que o atual sistema de assistência social poderia passar por uma reforma. Maimônides e sua escada, toda ela, degrau por degrau, podem prover um método útil aos que criam as leis. Afinal, o que ele estava tentando fazer a não ser incorporar um sistema de ética e moralidade — de *humanitarismo* — a um sistema de leis?

A intenção de Rambam não era culpar os pobres, mas questionar a maneira pela qual funcionamos como sociedade. "Você não acha que é obrigado a arrepender-se apenas pelas transgressões que envolvem ações, tais como roubo, pilhagem e imoralidade sexual", ele escreveu. "Assim como temos de nos arrepender desses atos, somos obrigados a examinar nossos maus sentimentos e nos arrepender da raiva, da inveja, da zombaria, de nossa excessiva ambição e da ganância."

Por que os pobres de hoje devem sentir-se envergonhados por tentar ter um mínimo de conforto, vivendo, como estão, numa era de excessos sem paralelo? "Até mesmo as pessoas que não têm uma grande renda são afetadas por isso", escreveu David Brooks, autor de *Bubos no paraíso: A nova classe alta e como chegou lá* (Rocco, 2002).

"Um sexto da população americana faz parte da classe pobre trabalhadora, ganhando entre 17 e 34 mil dólares por ano. Muitas dessas pessoas estão simplesmente lutando pela sobrevivência, compram em lojas baratas, muitas vezes sem ter acesso a serviços bancários e planos de saúde, sempre com medo de uma demissão ou de uma doença. Mas ainda assim respiram o ar da plenitude. Alguns são seduzidos por padrões consumistas com os quais não podem arcar e vão se afundando cada vez mais em dívidas. Mas abundância também significa acreditar que amanhã tudo será melhor."

Na despreocupada interpretação que Brooks faz da economia americana contemporânea, concebida durante um tempo de crescimento econômico, a caridade é apenas parte do jogo do dinheiro, parte do fluxo e refluxo da abundância. "Quando o dinheiro vem e vai com tanta facilidade, doar um pouco não faz mal", ele escreveu. Para as novas classes do dinheiro, parece que a caridade é mais uma utilidade, alguma coisa com a qual comprometer-se, ou não, mas que não deve ser levada a sério demais — a não ser, naturalmente, por uma pessoa que precisa.

Minha amiga Patti Gregory compreende isso muito bem. Nós fizemos amizade por intermédio de nossos filhos, quando eles ainda eram pequenos e colidiram um com o outro, correndo no parque. Mais tarde, os dois acabaram freqüentando a mesma pré-escola. Quando conheci Patti, já fazia três anos que ela estava em uma cadeira de rodas. Seu filho, Jack, tinha nove meses quando ela caiu na frente de um trem de metrô e ficou paralítica.

Patti sempre desperta curiosidade, quando roda pelas ruas em sua cadeira, uma mulher bonita, sempre elegante, quer esteja usando um vestido Issey Miyake ou algo que comprou em uma liquidação. Embora já tenha passado dos 40 anos, conserva o sorriso malicioso de uma adolescente subversiva e, a despeito do acidente que sofreu, continua um pouco imprudente, correndo no trânsito, batendo rodas no meio-fio. Com Patti por perto, nada fica parado. Ela encara a vida como uma experiência, está sempre experimentando novas cores de cabelo e novas teorias. Demonstra sua sabedoria das maneiras mais inusitadas; então, quando me pediu que a encontrasse na padaria Bruno's para tomar um café porque tinha algo a me dizer sobre caridade, um assunto sobre o qual sabia que eu estava escrevendo, não hesitei um segundo, saí de casa no mesmo instante.

No caminho para a Bruno's, vi "meu" desabrigado de pé na calçada, no cruzamento de duas ruas muito movimentadas. Tentei atravessar a rua, esperando que ele não me tivesse visto, em parte porque estava ansiosa para me encontrar com Patti, mas também para evitar o sentimento de culpa que ele despertava em mim. Minha tentativa de fuga foi inútil e ridícula. Havia muito trânsito.

"Oi!", ele gritou para mim. "Não precisa fugir quando não quer me dar dinheiro."

Apanhada em flagrante! Envergonhada, andei na direção dele, buscando o máximo de dignidade para não retrucar em protesto.

"Veja isto", ele disse com um sorriso, sem mostrar nenhum sinal de que se sentira insultado. Tirou uma moeda do bolso, fez com que ela desaparecesse da mão direita e reaparecesse na esquerda. Depois, tirou uma de 25 centavos de trás de minha orelha e sorriu largamente.

"A senhora sabe meu nome", disse, como que usando, para zombar de mim, a própria Escada da Caridade, que reserva um degrau alto para o anonimato entre quem dá e quem recebe.

Respondi que sim, pois àquela altura já nos havíamos apresentado.

Ele moveu a cabeça, afirmando.

"Certo."

Em seguida, recitou seu nome completo: o primeiro, o do meio e o sobrenome.

Um anonimato e tanto, pensei, embora sentisse a face queimar de vergonha.

"Meu nome é Julie", informei, achando que ele pudesse ter esquecido.

"Eu sei", David afirmou.

Desejou-me um bom-dia, chamando-me de "querida", e despediu-se com um aceno.

Nenhum dinheiro passou de minha mão para a dele.

Patti esperava por mim na Bruno's. Naquele dia, ela exibia cabelos tingidos de um vermelho exuberante. Quando lhe falei de meu encontro com David, ela me contou uma história parecida. Falou de um homem chamado Matthew que anda pelo seu bairro em uma cadeira de rodas, vendendo pilhas e fitas de áudio. Ele é um sem-teto, e Patti é casada com um executivo do ramo de publicidade e já teve uma carreira no mundo da moda. Mas, como os dois são deficientes, Matthew acha fácil conversar com ela sobre a experiência que os dois têm em comum, e Patti corresponde, pela mesma razão. Agora, mesmo que esteja com pressa ou que não se sinta com vontade de conversar, acha difícil evitá-lo.

Para ela, dar (e receber) tornou-se uma questão de necessidade, mais do que de opção ou ética. Existem calçadas demais sem rampas para cadeiras de rodas, portas difíceis, artigos colocados em prateleiras fora de seu alcance. Às vezes, como é autosuficiente e se recusa a admitir tais obstáculos, Patti tenta vencê-los sozinha, mas cai da cadeira e precisa de ajuda para voltar. Ela não tem liberdade para optar pelo anonimato. Tornou-se uma pessoa pública, um objeto de curiosidade, interesse e medo. Como alguém que parece tão despreocupada, tão *normal*, acaba em uma cadeira de rodas? Ela sabe que não há motivo para vergonha, mas essa é uma reação quase inevitável numa cultura que, acima de tudo, valoriza a independência e o vigor.

"Na rua, represento algo que foi danificado, uma vida arruinada. No começo, eu me enfurecia por precisar de ajuda, e não queria depender de outras pessoas, tornar-me sua boa ação do dia", Patti me contou. "Imaginava que tivessem feito alguma maldade para alguém, procedido mal no trabalho, e que desejavam ajudar a mulher na cadeira de rodas para melhorar seu carma. Há até gente que me diz: "Essa será minha boa ação de hoje." Isso faz com que eu me sinta usada.

Na opinião dela, a corrupção da caridade, com a vergonha que isso acarreta, não é monetária, mas pessoal, e é ainda mais perigosa para quem recebe quando a doação é usada como um meio de se obter vantagem.

"Se alguém lhe dá uma ajuda financeira ou física, pode ser que você fique lhe devendo alguma coisa", ela explicou. "É preciso tomar muito cuidado com isso, para não entrar nessa situação, mesmo que seja capaz de aceitar o fato de que precisa de ajuda."

Se Maimônides, em busca da justiça, pretendia conciliar fé e razão, Patti está determinada a descobrir a simbiose que existe entre dar e receber. Essa me parece a interpretação mais viável do quarto degrau, em que um pobre não precisa pedir para ser ajudado. Erguer um escudo de anonimato entre quem dá e quem recebe é um dos meios de se evitar a vergonha. Mostrar respeito é outro.

"Temos de aproveitar os momentos de podermos tornar um pouco melhor o dia, a vida ou a situação de uma pessoa, sem nenhum outro motivo", ela disse. "Quanto mais nossa consciência coletiva compreender isso, melhores nos tornaremos no que se refere a praticar atos de gentileza aleatoriamente."

Paramos de conversar para admirar com gula as fileiras de doces no balcão de vidro e concordamos em dividir uma pequena torta de limão. Essa é outra coisa que adoro em Patti. Ela nem tenta resistir a uma tentação. Depois que comemos, ela, revigorada, contou-me a história que queria contar.

Seis meses depois do acidente, ela decidiu tornar-se voluntária na God's Love We Deliver (Entregamos o amor de Deus), uma organização em que os voluntários levavam alimentos para pessoas com Aids, já tão doentes que não podiam mais sair de casa.

No caso de Patti, que fora desenhista de moda, acostumada a voar para o Japão a fim de captar novas tendências, o trabalho voluntário foi seu caminho de volta para o mundo. Ela estava farta das conversas de parentes e amigos que queriam animá-la, tentando convencê-la de que sua vida podia continuar como sempre fora. Não se sentia capaz de voltar ao trabalho, como muita gente incentivou-a a fazer, nem de participar de paraolimpíadas, que era o que muitas pessoas pareciam querer que ela fizesse, como se a vida cotidiana já não impusesse suficientes obstáculos em seu caminho.

Embora o dano em sua coluna vertebral tivesse paralisado apenas a parte inferior de seu corpo, sua sensação de imobilidade era muito maior. Patti é um espírito livre, e foi isso o que a levou a mudar-se de Ohio para Nova York. Agora, aprisionada por seu próprio corpo, mas recusando-se a sucumbir ao desespero, ela precisava do convívio com outras pessoas. Fora submetida a meses de fisioterapia para conseguir o máximo de independência possível, mas percebera que sempre haveria momentos em que precisaria pedir ajuda. Isso a perturbou, e a velha frase "Não preciso de caridade" revestiu-se de um significado totalmente novo para ela. Então, em vez de considerar-se um caso de caridade, decidiu trabalhar como voluntária, algo que sempre tivera a intenção de fazer, sem nunca achar tempo.

Começou a trabalhar como recepcionista na God's Love, até que alguém a convidou para conduzir entrevistas para um vídeo que a organização estava criando para atrair voluntários, um tipo de comercial. Isso agradou Patti, uma talentosa conversadora e ainda melhor ouvinte. Uma das pessoas entrevistadas seria Ganga Stone, a fundadora da organização.

Patti já conhecia a história de como Ganga Stone começara a God's Love We Deliver, que se tornara uma obra de caridade da moda em Nova York durante a crise da Aids, no final do século XX. Na verdade, a história da fundadora foi um dos pontos que atraíram Patti para a God's Love, sem falar na localização e nos horários convenientes. Ganga Stone era uma pesquisadora compulsiva, que passara do feminismo radical para o estudo do budismo em um templo, na Índia, e por fim fora trabalhar como voluntária em um hospital de Nova York que atendia a doentes terminais. Teve sua revelação no dia em que um jovem com Aids em estágio avançado jogou no chão os mantimentos que ela levara à casa dele. O rapaz era fraco demais para cozinhar. Ganga Stone falou com os amigos e organizou uma escala de trabalho, de modo que refeições prontas fossem levadas à residência dos doentes. Dessa idéia surgiu o God's Love We Deliver, cujos voluntários preparavam refeições e as levavam aonde fosse necessário. A abordagem de Stone, prática e direta, foi muito atraente para os desconfiados nova-iorquinos. E a revelação que ela tivera tornou-se lendária em certos círculos de Nova York, atraídos por sua filosofia budista-judaico-cristã-hindu, assim como sua causa e sua habilidade para inspirar ricos doadores e também aqueles não tão ricos.

Patti já sentia uma ligação com ela quando telefonou para fazer-lhe as perguntas que preparara para a gravação do vídeo. Quando Ganga Stone acabou de responder, Patti não queria desligar o telefone. Queria que a sensação de que se criara um vínculo entre as duas fosse recíproca, que Stone apreciasse o fato de ela estar ajudando outras pessoas, apesar de seu próprio trauma, do qual ainda não se curara completamente. Queria que Ganga Stone ficasse impressionada por estar sendo entrevistada a respeito de suas experiências por uma pessoa que também sofrera. Assim, quando se dava a conversa por terminada, Patti disparou a falar, contando que um acidente, seis meses antes, deixara-a paralisada, obrigando-a a usar uma cadeira de rodas.

A resposta de Ganga Stone chocou-a. Em vez de entrar em uma sociedade mútua de admiração, que era a esperança secreta de Patti, e dizer-lhe que ela era uma pessoa corajosa e extraordinária por ajudar os outros, apesar de seu próprio sofrimento, Stone comentou: "Que grande dádiva você recebeu."

Patti achou que ouvira mal. Dádiva? Que coisa estranha para alguém dizer, quase ofensiva, se não sádica. No entanto, depois de um tempo, ela percebeu que havia um pouco de verdade no que Ganga Stone dissera. Começou a pensar que, se uma pessoa como aquela, a quem admirava, acreditava que algo de bom podia ser tirado de uma situação tão horrível, talvez uma nova maneira de ver o mundo, então isso devia ser possível. Mas também ponderava que, se qualquer outra pessoa lhe dissesse a mesma coisa a respeito de sua invalidez, ela a consideraria totalmente insensível ou muito estúpida.

"Foi uma resposta fora do comum", Patti disse, conversando comigo. "Pela primeira vez, alguém via em minha trágica situação alguma coisa que poderia enriquecer minha vida. Levou um tempo, mas consegui força suficiente para pensar que eu podia ter algo a ganhar com tal experiência, e tenho ganho, à medida que vou amadurecendo nesta condição de inválida. Vejo coisas que nunca vi antes, que talvez nunca visse."

As palavras de Patti continuavam em minha mente, quando voltei a ver David em seu posto, na frente da mercearia. Dessa vez, atravessei a rua para ir falar com ele. Tinha cinco dólares no bolso, e apenas dei-lhe o dinheiro. Ele me agradeceu.

Eu andava pensando de modo obsessivo na admoestação de Maimônides a respeito da vergonha que a pessoa a quem se prestava caridade podia sentir. Hesitei um pouco. David agora tornara-se um projeto de pesquisa? Então, perguntei-lhe como ele se sentia, recebendo dinheiro de mim.

Ele nem pensou para responder:

"Sinto que estou com sorte."

Eu ri, aliviada por ouvir uma resposta honesta à minha pergunta franca.

— Não se sente nem um pouco envergonhado? — pressionei.

— Não, de jeito nenhum — ele disse. — Pedir é o que eu faço.

A resposta me confundiu. Ele estava dizendo que a mendicância era sua profissão, que o dinheiro que eu lhe dava fazia parte de seu salário?

— Considera isso um emprego? — indaguei.

Ele pareceu um pouco irritado.

— Não, não é um emprego. Eu tenho um negócio.

Desejei não ter começado aquela conversa. Estava me perguntando se minha doação me dava o direito de investigar daquela maneira a vida de uma pessoa que podia ser mentalmente desequilibrada.

— Eu me sinto mal por ter de pedir dinheiro — David continuou. — Quando minha perna melhorar, vou trabalhar. Esta vida não é para mim.

Devo ter me mostrado preocupada, porque ele declarou:

— Não estou dizendo que vou me matar, ou algo parecido. Pretendo abrir um negócio.

— Que tipo de negócio? — perguntei, não muito a sério, pois achei que aquilo podia ser uma de suas ilusões.

— Meias.

— Meias? — repeti.

Então, ele disse que podia comprar meias por atacado na Orchard Street e vendê-las pelas ruas, usando um carrinho de mão. Meias! Eu já vira muitos homens vendendo-as nas ruas, e a descrição que David fez de como o negócio funcionava me convenceu de que ele estava bem informado.

De repente, o dinheiro que eu lhe dera pareceu-me um capital inicial, um pequeno empréstimo comercial. Meu gesto tornara-se mais virtuoso?

David ficou desaparecido por alguns meses. Eu pensava nele de vez em quando, fantasiando sobre o fato de ele estar trabalhando em alguma rua onde o trânsito de pedestres era constante. Então, ele reapareceu perto de minha casa, de mãos vazias, sem carrinho e sem meias. Quando o vi na esquina de sempre, fiquei desapontada, mesmo compreendendo que pequenos negócios tendem a falir, e o dele era um dos menores.

Mesmo achando que ele desaparecera por estar trabalhando, é claro que eu suspeitara de que havia outra razão para seu sumiço. O verão fora quente demais, e ele devia ter se entocado em algum lugar com ar-condicionado. Eu sabia que o albergue do Bowery Residents' Committee ficava lotado em dias de muito calor.

Ele mancava ligeiramente, usava uma camiseta azul-clara e um lenço azul em volta da cabeça. Parecia mais magro.

— Que bom ver você — eu lhe disse, e estava sendo sincera.

Confesso que sou um pouquinho supersticiosa, e tomei seu reaparecimento como um bom sinal, mas, além disso, estava aliviada por vê-lo novamente.

— Também é bom ver você, querida — ele respondeu.

Contou-me que estivera doente, com um tipo de infecção estomacal.

— Tenho vergonha de dizer isso, mas às vezes, quando não tenho dinheiro, procuro comida em latas de lixo — continuou. — Acho que foi alguma coisa que comi que me fez mal.

Aquilo me soou como uma confissão. Ele estava abatido, com péssima aparência.

— Comecei a vomitar e não parei mais — prosseguiu. — Acabei no hospital.

Sem que ele me pedisse, tirei a carteira da bolsa e, dentre várias notas de um dólar e algumas de 20, tirei uma de cinco e dei a ele. Por que não lhe dei uma de 20?

Ele aceitou o dinheiro com naturalidade, agradeceu, então estendeu a mão, que eu apertei. O aperto de mão dele foi firme, muito mais firme do que o meu.

**8**

RESPONSABILIDADE

---

**7**

ANONIMATO

---

**6**

CORRUPÇÃO

---

**5**

**LIMITES**

---

4

VERGONHA

---

3

SOLICITAÇÃO

---

2

PROPORÇÃO

---

1

RELUTÂNCIA

---

*Fazer uma doação a alguém que não conhecemos, mas dando permissão para que nosso nome seja revelado.*

Um dia, depois de uma reunião de diretoria do Bowery Residents' Committee, recebi um telefonema perturbador de um dos mais generosos de nossos diretores.

— Você sabe quantos de nossos clientes vivem ilegalmente no país? — ele me perguntou.

Levei alguns instantes para compreender o que ele queria dizer. Estava falando de pessoas que não eram cidadãs, não tinham documentos, estrangeiros ilegais.

— Não, não sei — respondi devagar, tentando imaginar o motivo daquela conversa e aonde ela ia nos levar. Pensei na reunião, que se realizara no Senior Center do BRC, onde refeições e vários programas recreacionais e sociais eram oferecidos a idosos desabrigados.

Eu tenho um carinho especial pelo Senior Center. Comecei a trabalhar na cozinha de lá, ajudando no preparo da sopa, no fim da década de 1980, como voluntária. Depois do almoço, eu ficava no centro, conversando com os velhos, homens em sua maioria, ouvindo suas histórias sobre como não tinham sorte na vida, captando ecos de John Steinbeck e Woody Guthrie, talvez porque fosse isso que quisesse captar. Ainda ajudava a entregar refeições nos cortiços da vizinhança, buracos escuros horríveis, onde os homens viviam em verdadeiras gaiolas, quatro paredes e forro de tela de arame para deixar o ar entrar. Os cubículos, no maior número possível, para que o lucro fosse maior, enfileiravam-se na construção sem janelas. Os senhorios cobravam dez dólares por noite de cada inquilino. Os homens continuavam nos cortiços porque estavam doentes ou deprimidos demais para ir embora. Muitos deles eram chineses que não falavam inglês. Passavam a maior parte da vida na rua Bowery, naquele tempo em que o lugar não era adequado para ser nada além de uma última estação. Nunca me ocorreu pedir-lhes que me mostrassem seus documentos.

Em nossa reunião de diretoria surgira uma pergunta: O BRC dava assistência a pessoas sem documentos? A diretora, uma imigrante vietnamita, ficou surpresa; educadamente, então, respondeu que sim, mas que não sabia quantas encaixavam-se nessa categoria, embora a porcentagem fosse mínima.

O assunto pareceu acabar aí. Mas não acabou. Tive a impressão de que o membro da diretoria que me telefonou ficou remoendo o tema a noite toda.

"Por que vou dar meu dinheiro a pessoas que nem são cidadãs, quando há tantos americanos precisando de ajuda?", ele argumentou.

Tentei desarmá-lo, contando a história de meu tio Louis, o mais velho de sete filhos de uma família de camponeses, judeus húngaros, que veio ilegalmente para os Estados Unidos muito jovem e nunca havia tirado documentos americanos. Todos os seus filhos e netos tornaram-se bons cidadãos, cumpridores de seus deveres, pagadores de impostos. Quando acabei de falar, meu interlocutor ficou em silêncio, ignorando minha história, então eu disse a ele que descobriria quantas pessoas encontravam-se naquelas condições e como funcionava a legislação a respeito.

Foi muito fácil. A legislação sobre direitos humanos da cidade de Nova York é uma das mais compreensivas a respeito de direitos civis do país, e inclui os indivíduos que não são cidadãos na classe de pessoas protegidas. Em outras palavras, as agências de serviço social que, como o BRC, recebem verba municipal, não podem discriminar ninguém, seja por raça, idade, sexo e várias outras razões, inclusive na questão de cidadania. Falei com o membro da diretoria que me telefonara e disse o que descobrira. Ele me respondeu que ia pensar para decidir o que fazer a respeito.

Como eu não queria provocar sua hostilidade, contive-me para não lhe perguntar por que aquele assunto o incomodava tanto. E por que aquela situação, que não fora a de tio Louis, pois ele nunca recebera dinheiro do governo ou de instituições de caridade, não me incomodava? Quais eram os limites? O que é ser estrangeiro?

Maimônides colocou a pessoa que dá sem saber quem está recebendo o benefício acima da que dá apenas se lhe pedem. Além disso, ele afirmou explicitamente que os estrangeiros não devem ser excluídos, no que diz respeito aos recursos reservados aos pobres. Afinal, ele sabia o que era ser estrangeiro porque foi um em todos os países em que viveu, inclusive a Palestina, que na época era governada por cristãos.

Isso não quer dizer que ele não discriminava. “Um pobre que é nosso parente tem prioridade sobre todos os outros”, escreveu. “Um pobre de nossa casa tem prioridade sobre um pobre de nossa cidade e um pobre de nossa cidade tem prioridade sobre um pobre de outra cidade.” Mesmo assim, seus comentários dão relevo admirável à justiça, embora fosse uma justiça ministrada com um toque de praticidade. Falando sobre por que é importante ajudar os pobres fora da comunidade, mesmo que sejam inimigos em potencial, ele observa que tal comportamento justo é necessário “como uma maneira de manter a paz”. Filantropia diplomática.

O filósofo Peter Singer, quase mil anos depois, lidou diretamente com a questão dos limites em seu provocante livro *Ética prática* (Martins Fontes, 2002). Muitas pessoas detestam Singer por suas opiniões utilitárias sobre eutanásia e pela recusa em diferenciar os seres humanos dos outros animais. Mas eu admiro sua insistência em levar o debate até extremos desagradáveis, sua recusa em aceitar complacência, sua obsessão moral à moda de Rambam.

Em um dos capítulos, ele aborda a questão dos limites. Citando Robert McNamara, ex-presidente do World Bank, ele usa o termo "pobreza absoluta" para fazer distinção entre a horrível condição de países como a Etiópia e a situação comparativamente boa da parte da população que vive abaixo da linha da pobreza na Grã-Bretanha ou nos Estados Unidos. Em sua opinião, a pobreza absoluta é "uma condição de vida tão caracterizada por subnutrição, analfabetismo, doença, falta de higiene, alta taxa de mortalidade infantil e baixa expectativa de vida, que se situa abaixo de qualquer definição razoável de decência humana".

Peter Singer, então, cria uma categoria de contraponto de "absoluta fartura", que ele define como aquela em que as pessoas podem comprar o básico para suprir as necessidades da vida e ainda assim lhes sobra dinheiro para o supérfluo. Ele cita a ínfima porcentagem do Produto Interno Bruto que os países mais ricos destinam aos mais pobres. "Se os fatos são esses, não podemos deixar de concluir que, se não dermos mais do que estamos dando, a população dos países ricos estará permitindo que a dos países pobres continue vivendo em pobreza absoluta, e conseqüentemente seja subnutrida, tenha saúde frágil e morte prematura", ele escreveu. E essa conclusão não se aplica apenas a governos. Aplica-se a todo indivíduo que goza de fartura, porque cada um de nós tem a oportunidade de fazer alguma coisa para melhorar a situação. Por exemplo, podemos dar de nosso tempo e de nosso dinheiro a organizações voluntárias, como Oxfam, Care, War on Want, Freedom for Hunger, Community Aid Abroad e assim por diante.

Ele se envolve em uma série de testes éticos. Pergunta se, deixando de ajudar os absolutamente pobres, os absolutamente abastados estão participando de um tipo de genocídio. Pergunta se existe uma distinção moral entre omissão e comprometimento, e até que ponto deve ser estendida a obrigação de prestar assistência aos necessitados. No entanto, depois de apresentar uma verdadeira cena de corda bamba filosófica, ele dá sua opinião a respeito de quanto dar (não especificando a quem), arrimando-se no preceito bíblico para aconselhar o dízimo como um mínimo.

A visão global de Singer sobre responsabilidade é mais inglesa do que americana (ele é australiano). A leitura de *Ética prática* me fez lembrar das muitas vezes, durante minhas entrevistas, principalmente com pessoas ligadas a fundações, em que ouvi dizer que o povo americano é muito mais generoso do que qualquer outro. Deram-me infinitas razões: a ética protestante, os ensinamentos judaicos, a influência católica, o capitalismo e sua ênfase sobre a realização pessoal, até mesmo algo inerente à democracia. Nada disso pode ser quantificado, mas indica que o desejo americano de nos julgarmos essencialmente benevolentes é generalizado.

Karen Wright, pesquisadora na faculdade de economia da London School, argumentou em um de seus trabalhos, "Generosity *versus* Altruism" (Generosidade *versus* altruísmo), que os americanos podem ser mais generosos, mas não necessariamente mais altruístas. Dão mais dinheiro, porque têm mais para dar. Os americanos também vêem a generosidade de modo prático, querendo saber dos resultados, conhecer os efeitos e, muitas vezes, entender como dar aos outros pode tornar sua vida melhor. "Os americanos gostam de dar para suprir necessidades que podem ver, apalpar e compreender", Wright comenta em sua comparação de filantropia e caridade nos Estados Unidos e no Reino Unido. O volume maior das contribuições beneficentes nos Estados Unidos vai para instituições religiosas e educacionais, e em 2001 isso foi de 38 e 15 por cento respectivamente. No Reino Unido a doação para serviços de assistência internacionais foi a fatia maior, cerca de 25 por cento.

Wright faz a distinção entre a "generosidade" dos americanos e o "altruísmo" dos britânicos. "As doações dos Estados Unidos são fortemente marcadas por uma grande dose de interesse próprio, tanto diretamente, com benefícios tributários ou posição social, como indiretamente, com a realização de objetivos sociais que podem beneficiar a todos, como o amparo mais amplo à infância, aos direitos civis, parques públicos melhores e assim por diante. Mais ainda, esses motivos de interesse próprio não são apenas aceitáveis, mas também socialmente aprovados", ela escreveu. "Doar é visto como uma expressão de identidade e metas pessoais e sociais."

Falando do contraste, ela continuou: "Os britânicos esperam que o ato de doar seja altruísta, que até mesmo exija sacrifício." Diferentemente dos americanos, que preferem a filantropia organizada, os britânicos preferem o método desinteressado, de acordo com Wright. Quando fazem doações por meio de organizações, tendem a escolher causas universais como a Oxfam ou a Save the Children, que não os beneficia direta nem indiretamente. "Para os britânicos, a motivação moral está profundamente enraizada no conceito de dever coletivo, um conceito bastante estranho para os americanos", ela concluiu.

O que resulta dessa comparação? O povo americano doa mais que o dobro do que doa o povo britânico. No entanto, nos dois países, a mesma porcentagem de pessoas, entre dois terços e três quartos da população, doa alguma coisa. Wright também salienta que as instituições religiosas e educacionais, as mais beneficiadas, pois recebem a parte maior das doações americanas, não são consideradas instituições de caridade no Reino Unido.

Thomas Murphy, presidente aposentado da Capital Cities/ABC, agora uma subsidiária da Disney, acreditava que a caridade começa e acaba em casa, ou pelo menos nas proximidades. Ele aprendeu a ajudar os outros com o pai, um juiz do estado de Nova York que atuava no Brooklyn, especializado em intermediar atos de generosidade. Quando Murphy assumiu a direção de uma pequena emissora UHF de televisão, em Albany, Nova York, alguém lhe disse que ele precisava participar dos interesses da comunidade. Era bom para os negócios. Então, ele aceitou fazer parte da diretoria do Boys Club local.

Quando retornou à cidade de Nova York como chefe de uma grande empresa de comunicações, ainda acreditava no valor do envolvimento com a comunidade, apenas estava operando em uma área muito maior. Aderiu à diretoria do New York University Medical Center, da qual fez parte durante 35 anos, e trabalhou pelo Madison Square Boys and Girls Club. Enviava dinheiro para a faculdade de administração de Harvard, não porque achasse que a escola precisava disso, mas por lealdade à instituição que ele acreditava ter sido um grande instrumento na trajetória de sua carreira. E fazia doações à Igreja Católica, destinando grande parte ao fundo municipal de bolsas de estudo, patrocinado pela arquidiocese.

Após sua aposentaria, Murphy inesperadamente voltou sua atenção para o estrangeiro, para lugares sobre os quais nunca realmente pensara antes. Tornou-se diretor da Save de Children, fundação que convida doadores a "patrocinar" uma criança de um país pobre, geralmente em zonas de pobreza absoluta, guerra, fome e inundações.

"Quando me aposentei, pensei em viajar um pouco, mas achei que iria para lugares como Paris e Londres", ele me disse durante a visita que lhe fiz em seu elegante escritório de diretor emérito na ABC. "Agora vou a Moçambique, Mali, Vietnã e Paquistão. É uma experiência que leva a muita reflexão, e eu realmente admiro aquela gente que trabalha sem fins lucrativos para a Save the Children. São pessoas dedicadas, inteligentes e trabalhadoras, que fazem várias coisas que eu provavelmente jamais poderia fazer, porque sou mimado demais."

Perguntei o que o havia feito mudar tão abruptamente da atuação local para outra distante.

"Bill Haber me persuadiu a isso", ele respondeu.

Referia-se ao homem que um dia dirigiu a Creative Artists Agency, grande agência de talentos de Hollywood, com Michael Ovitz. Quando a ambiciosa empresa firmou-se nos negócios, Haber demitiu-se e foi fazer boas ações no Oriente. Apresentou-se do modo como negociantes fazem: disse que daria à organização um diretor que sabia arrecadar dinheiro, e Murphy, um velho amigo, provara que era bom nisso.

"Ele me levou primeiro ao Oriente Médio", ele me explicou, quando perguntei como fora persuadido. "Passamos uma semana percorrendo a Jordânia e o Líbano, onde há muitas crianças palestinas refugiadas, estivemos em Gaza e na zona entre a margem ocidental do mar Morto e o leste de Israel. Aqui nos Estados Unidos, fomos ao delta do Mississippi, uma região muito pobre, e visitamos uma nação Navajo no Arizona. Haber me levou a pensar que eu poderia ajudar."

Perguntei por que ele ajuda, e Murphy respondeu imediatamente que aprendera com os pais, com o exemplo deles, e também com a Igreja Católica, na qual havia sido criado. Seja qual for a razão, ele teve os contatos e a flexibilidade emocional necessários para ampliar sua noção de comunidade. Contudo, existem inúmeras definições de "comunidade" e "estrangeiro", assim como é possível estabelecer fronteiras para a caridade de várias maneiras.

Isso ficou claro para mim durante uma conversa que tive com Marnie Pillsbury, com quem marquei uma entrevista pelo fato de ela gerenciar as doações pessoais de David Rockefeller por 12 anos. Esse trabalho é bem adequado para ela, que é neta de um ministro presbiteriano, filha e esposa de homens ricos, cujo dinheiro veio de empresas de produtos alimentícios — Quaker e Pillsbury. Marnie passou boa parte de sua vida tentando provar que não era apenas uma loira rica, protestante e anglo-saxônica que se contentava em aproveitar a situação privilegiada em que nascera.

Aquela mulher baixinha com um sorriso simpático guiou-me com passos rápidos até uma pequena sala de reuniões no 56º andar do Rockefeller Center, numa tarde ensolarada. Passamos quase voando por uma maravilhosa coleção de obras de arte e nos sentamos diante de uma janela com uma vista magnífica da cidade moldada pelo dinheiro e influência dos Rockefeller.

Hoje, a fortuna e a filantropia de Bill Gates sobrepujam as dos Rockefeller em termos de volume de dinheiro, mas o legado da tradicional família é parte de enorme importância na história filantrópica dos Estados Unidos. A fortuna que os Rockefeller reuniram no século XIX, explorando trabalhadores e usando práticas comerciais duvidosas, passou pelo processo purificador da filantropia no século XX. Os Rockefeller pensam muito a respeito de suas doações, e fazem isso de maneira diferente um do outro. Marnie Pillsbury explicou que David vincula sua filantropia à questão de impostos, ao passo que o irmão, Laurence, é mais intuitivo e emotivo.

Mas foi a experiência dela, sobre a qual acabamos por falar, a mais instrutiva para mim. Ela me disse que pensava saber diferenciar os bandidos dos mocinhos, mas que já não tinha tanta certeza. Era uma bela manhã de primavera e as notícias chegadas do Oriente Médio, como sempre, foram ruins.

"Penso que nós, americanos, não compreendemos o resto do mundo, e isso me preocupa muito. Por isso, faço parte da diretoria de uma organização chamada World Learning, que se dedica a estudar esse assunto."

Ela fez um gesto de cabeça na direção da linha do horizonte, lá fora.

"Elas não existem mais", observou, referindo-se às torres gêmeas do World Trade Center.

Ficamos em silêncio por alguns instantes, então ela me disse que não se esquecera do que havíamos falado antes, de como as pessoas decidem fazer doações e para quem. Explicou que o ataque terrorista ao World Trade Center causou uma mudança em seus limites, assim como em seu impulso de ultrapassá-los.

"O que me motiva é a transformação, seja grande ou pequena, qualquer coisa que eu faça que possa tornar uma situação diferente, um pouco melhor. Minha necessidade de contato é muito forte. Se eu estiver em um ônibus e estabelecer algum tipo de interação com alguém, para mim isso será uma pequena transformação."

O desejo de Marnie Pillsbury de conectar-se com os outros reflete um elemento importantíssimo do gesto de doar. Podemos gostar da idéia de salvar o mundo, mas achamos mais prático, mais emocionalmente compensador tentar efetuar pequenas transformações: trabalhar como voluntários em um hospital, ir à casa de um vizinho idoso apenas para cumprimentá-lo.

Maimônides não discutiu de modo direto a questão dos limites, sejam eles globais ou locais. Acredito que essa idéia não tenha ocorrido à maioria das pessoas de seu tempo. Mas até suas regras mais complicadas contêm sugestões para pensarmos no modo de doar nos dias de hoje. Em sua discussão sobre o quinto degrau da doação, por exemplo, ele usa como modelos os sábios que punham dinheiro em um lençol dobrado que carregavam nas costas como uma trouxa, de modo que os pobres pudessem pegar moedas enquanto eles caminhavam pelas ruas. Mais uma vez, a idéia era evitar que os pobres se sentissem humilhados, presumindo-se que os sábios não olhavam por cima do ombro para ver quem pegava moedas. É difícil imaginar como tal cena podia evitar que os pobres ficassem envergonhados, mas com esse exemplo Maimônides deixou clara sua opinião: é necessário usar todos os recursos, mesmo alguns absurdos, para proteger a permuta da doação.

Nova York é uma cidade relativamente compacta, vertical, e não horizontal. As distâncias geográficas são pequenas, e as sociais, enormes. Basta uma fácil viagem de metrô para se ir da indiscutível e absoluta riqueza dos escritórios dos Rockefeller à relativa pobreza que existe no Lower East Side, onde me encontrei com Misha Avramoff, diretor do Ezra Project, uma organização que presta assistência a judeus idosos que não participaram do êxodo para os bairros residenciais ou subúrbios e não aproveitaram a oportunidade de vender suas propriedades deterioradas quando elas estavam sendo compradas pelas classes média e alta, acabando por perder tudo o que tinham.

Esses idosos pobres representam um tipo diferente de estrangeiros. Eles não são o que nós somos, mas o que poderíamos ter sido ou vir a ser. Essa é outra lição a ser aprendida com a proteção cuidadosa que Rambam dava aos necessitados: é essencial que reconheçamos o estrangeiro dentro de nós mesmos.

O minúsculo escritório de Misha Avramoff, localizado no fim de um corredor de lajes de concreto, deixa clara a noção de que há coisas que nunca deverão ser esquecidas. Por todos os lados vêem-se fotografias antigas de judeus da Europa Central e latas de café à espera de serem distribuídas aos clientes. Os ruídos do refeitório, onde os velhos estavam almoçando, e as conversas dos voluntários falando alto nos corredores chegavam até nós, e imaginei que Avramoff não gostaria de sentir-se isolado da balbúrdia.

Ele é um homem de sessenta e poucos anos, de baixa estatura, tem cabelos grisalhos, olhos travessos, e parece muito satisfeito com o caminho que escolheu. Nasceu na Bulgária, em 1939, teve a sorte de não ser levado para um dos campos de extermínio dos nazistas e em 1949 emigrou para Israel com a família. Mais tarde, chegou aos Estados Unidos, onde estudou filosofia na Columbia University, aproveitando os raros momentos em que não estava fora dos muros da universidade em protestos contra o sistema militar-industrial e em campanhas a favor dos direitos civis.

"Precisava me sentir necessário", ele disse calmamente. "Sou uma pessoa que se revolta demais contra certas injustiças.

Na década de 1960, era muito mais fácil, porque éramos cerca de 100 mil gritando nas ruas, e às vezes, nós, pessoas da classe média, éramos presos, para logo em seguida sermos soltos. Aos poucos, cheguei à conclusão de que a vida é feita de pequenas vitórias. Então, ainda sonho com revoluções, mas não participo mais de nada dessas coisas. Agora, dia após dia, visito pessoas idosas. Levo sempre algum dinheiro a fim de comprar alimentos para aqueles que vivem precisando controlar ao máximo o dinheiro que recebem do seguro social. Essas são as pequenas vitórias."

Desistindo de consertar o universo, ele decidiu ajudar os velhos indigentes do Lower East Side a viver um pouco melhor seus últimos meses ou anos de vida. Deu início ao Ezra Project com alguns amigos, estabelecendo que eles seriam independentes do governo e das grandes instituições de caridade. O grupo recusava-se a usar qualquer técnica moderna de arrecadação de fundos, a não ser enviar, a cada seis meses, um relatório das atividades do Ezra Project a seus contribuintes, muitos dos quais doavam cinco dólares por ano. Misha Avramoff preferia falar de seu trabalho em todos os clubes e sinagogas que lhe dessem permissão para isso. Quando surgiu a Internet, o Project Ezra foi colocado na Web.

Essa operação simples levanta 550 mil dólares por ano, dinheiro que é gasto em alimentação e em vários programas, como o que convida estudantes de medicina a conhecer a realidade de vida dos idosos. A organização tem uma van com elevador hidráulico para cadeiras de rodas, que transporta os idosos para participarem de várias atividades. Em certas ocasiões, para ajudar os clientes a romper o isolamento, Avramoff levaos para passear, muitas vezes para assistir a serviços religiosos em sinagogas suburbanas.

"É bom ver juntos um velho homem e um advogado bem-sucedido, que provavelmente ganha em um ano o que o homem sentado a seu lado levou a vida inteira para ganhar, ambos atrás de uma máquina de costura", Avramoff comentou. "É uma comunidade. Para nossa gente, é um alívio para a solidão; para as pessoas que nos recebem, significa que elas estão fazendo mais do que simplesmente mandar-nos um cheque."

Em sua opinião, os limites da doação são estreitos, e a caridade acontece entre duas pessoas, embora ele não goste da palavra "caridade", preferindo *tzedakah* e sua raiz, *tzedek*, justiça.

"Para mim, justiça é dar, se puder, e receber, se precisar, não apenas dinheiro, mas qualquer outra coisa", ele disse. "A comunidade judaica adotou o credo americano, substituindo a ação individual da *tzedakah* por grandes organizações que atuam em nome de indivíduos."

Observou que às vezes precisamos olhar o rosto de um estranho para encontrar a própria alma e, se isso quebra a regra sobre o fato de não sabermos a quem estamos dando, que assim seja. Seu fervor e idealismo, embora mais moderados do que em outros tempos, transmitem a impressão de um calmo poder.

"Em nosso desejo de criar instituições poderosas, nos afastamos da noção de eu e você, de eu e Deus, pregada por Martin Buber", ele comentou, referindo-se a outro grande teólogo e filósofo. "Aderimos ao tipo empresarial de doações para caridade, o que não deixa de ser bom, mas isso jamais deveria substituir a noção individual de que participar é uma responsabilidade."

As coisas estavam ficando mais claras. Na Escada de Rambam, eu estava começando a ter uma visão panorâmica das vastas e variadas fronteiras do coração humano.

**8**

RESPONSABILIDADE

---

**7**

ANONIMATO

---

**6**

**CORRUPÇÃO**

---

5

LIMITES

---

4

VERGONHA

---

3

SOLICITAÇÃO

---

2

PROPORÇÃO

---

1

RELUTÂNCIA

---

*Fazer uma doação a alguém que conhecemos, mas que não sabe de quem está vindo a ajuda.*

Todos os elementos de um caso sobre caridade deturpada estão contidos na história de Clara Hale, que fundou a Hale House, um abrigo para crianças no Harlem, em Nova York, e de sua filha Lorraine, que saqueou a instituição.

De acordo com a lenda da Hale House, inventada pelas duas mulheres, a obra de caridade começou oficialmente em 1969, quando Lorraine Hale, então professora primária, parou em um sinal vermelho na esquina da Amsterdam Avenue e a 146$^{th}$ Street e viu uma mulher, aparentemente drogada, sentada num engradado, segurando uma trouxa de trapos.

Ela contou, na história que escreveu como co-autora para comemorar o 13º aniversário da Hale House: "Naquele instante, vi uma pequenina mão estender-se para fora da trouxa." Começou a se afastar, mas então virou-se, foi para junto da mulher e perguntou a ela se conhecia sua mãe, a Sra. Clara Hale. Em seguida, deu-lhe o endereço da mãe. Duas semanas depois, 22 bebês haviam sido levados ao apartamento de Clara. Não demorou muito para que Clara ficasse conhecida como "Mãe Hale", mantenedora de um refúgio para bebês cujas mães eram viciadas ou estavam presas.

Clara Hale sempre tivera filhos de criação. Lorraine cresceu em um apartamento atulhado de berços e desde pequena precisou ajudar a mãe a cuidar das crianças. A Hale House tornou-se uma instituição de caridade reconhecida pelo governo e se transformaria numa empresa de muitos milhões de dólares, louvada por seu caráter independente e possivelmente por sua atitude punitiva em relação às mães das crianças. A Hale House foi apoiada por celebridades e políticos, assim como por pessoas que mandavam cheques de apenas cinco dólares. Em 1985, o presidente Ronald Reagan convidou Mãe Hale para participar de um de seus discursos, chamou-a de heroína americana e concedeu-lhe a Medalha Presidencial da Liberdade. Quando ela morreu, em 1992, a filha Lorraine assumiu seu lugar na direção da instituição.

Dois anos mais tarde, o *New York Daily News* conduziu uma investigação na Casa Hale e descobriu uma história digna de um tablóide. Os repórteres Heidi Evans e Dave Saltonstall descreveram um quadro horrível de infestação de baratas, número insuficiente de funcionários, adoções arranjadas a esmo e assistência médica prestada por um profissional sem licença.

A parte mais surpreendente, porém, foi Lorraine Hale, tenaz herdeira do legado da mãe. Ela provou ser uma arrecadadora de fundos ainda mais eficiente do que Clara Hale, em parte por necessidade. Em 1990, antes da morte de Clara, o governo do prefeito David Dinkins cortou seus contratos com a Hale House e outras instituições similares, acreditando que esse tipo de assistência não era a melhor para crianças pequenas. Em conseqüência, a Hale House não era mais sujeita às auditorias que acompanham as verbas governamentais.

Lorraine Hale tornou-se uma espécie de ícone. Como porta-voz de uma filosofia de "amor exigente", ela ganhou popularidade nacional com apenas uma apresentação no programa *Nightline*, na ABC. Nos nove anos que se seguiram à morte de sua mãe, ela arrecadou 43 milhões de dólares para as crianças da Hale House, ou pelo menos era isso o que alardeava.

Com dinheiro subtraído dos fundos que arrecadou para prestar assistência a crianças, ela reformou sua casa no subúrbio de Scarsdale, comprou uma banheira Jacuzzi último modelo e investiu 500 mil dólares em *Faith Journey*, um musical *off*-Broadway que tinha a intenção de homenagear Martin Luther King Jr., produzido por seu marido, Jesse DeVore. A peça foi um fracasso total, causando vergonha maior, talvez, do que o escândalo da Hale House nessa Nova York que tanto valoriza o *status*, e que Ben Brantley descreveu no jornal *The New York Times* como "deprimente, monótona e confusa". Além disso, em vez de usar os dois apartamentos que ganhara para abrigar mães com problemas, ela os alugou para pessoas da classe média e ficou com o dinheiro dos aluguéis. O homem que era citado como tesoureiro da Hale House e que devia ser encarregado da supervisão, morrera cinco anos antes que os desmandos de Lorraine fossem descobertos. Foi revelado que outro homem do departamento financeiro, que aparecia como co-assinante nos cheques, era inteiramente fictício.

O escândalo provocou revolta nos jornais, permitindo, também, alguns toques de humor, quando outra evidência de falibilidade humana apareceu sob a capa de bondade. "Supõe-se que Lorraine Hale pôs cerca de 1,3 milhão de dólares dos donativos à Hale House em seu cofrinho particular", zombou o *News*. Lorraine e o marido, num acordo com a justiça, por fim declararam-se culpados em troca de um sursis de cinco anos. O promotor público explicou a indulgência citando a idade dos dois: Lorraine tinha 76 anos e o marido, 70. A Hale House ainda existe. Seu novo diretor-executivo alega que o escândalo não denegriu a memória de Clara Hale.

Apesar de a Escada de Rambam não tratar diretamente de assuntos como fraude e roubo, Maimônides usou o anonimato como a represa metafórica que protege da enchente de fragilidade humana tanto o benfeitor como o beneficiado, assim como o próprio processo de dar e receber. Afinal, o rio de retidão, sendo especialmente puro, é especialmente vulnerável à contaminação. O anonimato não é, como normalmente se acredita, a mais elevada forma de doar. Maimônides reservou o mais alto louvor para a pessoa que doa, que faz um empréstimo, entra em uma sociedade com alguém, ou presta qualquer outro tipo de auxílio para ajudar o beneficiado a tornar-se financeiramente independente. Ainda assim, ele foi meticuloso a respeito do anonimato. Três, dos oito degraus da escada, falam da importância de se proteger o beneficiado do benfeitor, e vice-versa.

Maimônides sugeriu a instituição de uma "Câmara de Segredos" nos templos, o equivalente a um fundo mútuo para caridade, em que as pessoas pudessem deixar suas doações anonimamente. Encorajando o uso de um intermediário como escudo, ele antecipou que haveria tentação, o mesmo tipo de tentação que arruinou Lorraine Hale. Aconselhou que as pessoas contribuíssem para esse fundo apenas se os encarregados de gerenciá-lo fossem confiáveis. Se não fossem, as pessoas deveriam depositar as ofertas em dinheiro diretamente na soleira da porta dos pobres. Esse é o sexto degrau, em que o doador sabe quem está recebendo a doação, mas a pessoa necessitada não sabe quem está doando.

A saga da Hale House encaixa-se no sexto degrau, onde são assumidos compromissos. O homem rico é obrigado a saber a quem está doando, porque as pessoas que lidam com suas doações podem não ser idôneas. O completo anonimato é sacrificado pela necessidade de se ter certeza de que o benefício se concretizou.

Hoje é mais fácil saber se os intermediários estão trabalhando direito e se as contribuições chegam ao destino certo. Em 1999, uma organização sem fins lucrativos chamada Philanthropic Research começou a pôr na Internet os relatórios anuais das instituições de caridade. Qualquer pessoa pode verificar quanto uma instituição gasta para arrecadar ou para administrar fundos, quanto vai para a causa que ela sustenta, quanto é gasto em serviços e quanto é destinado ao pagamento de salários.

Entretanto, agora existem também muitas formas sutis de corrupção que devem ser levadas em consideração. O culto da personalidade, a antítese do anonimato altruísta, tornou-se um significativo aspecto da caridade. Astros do *rock* rotineiramente levantam milhões para várias causas, arrecadadores profissionais de fundos prometem a possíveis doadores seu marco de imortalidade, que pode ser um prédio, uma cadeira, um salão, uma árvore com seu nome, se eles derem dinheiro. O endeusamento secular de Clara Hale não foi necessariamente o que levou a filha a cometer fraude, mas não pode tê-la incentivado a isso? Uma doação tem menos valor porque o doador deseja reconhecimento público? Importa se é necessário o exemplo de uma celebridade para que as pessoas sintam-se motivadas a doar?

Os atos de caridade perdem o valor por causa de um comportamento inadequado, completamente diferente de um comportamento generoso? Depois que A. Alfred Taubman, o empresário imobiliário de Detroit e ex-presidente da Sotheby, foi condenado por fixação de preços, o jornal de sua cidade natal, o *Detroit News*, conduziu uma pesquisa em seu *site* na Internet perguntando aos leitores como eles achavam que Taubman devia ser lembrado: pela fixação de preços, pela qual foi condenado, ou por seu trabalho como empresário imobiliário e sua filantropia?

Não houve o que contestar. Cinqüenta e nove por cento dos que responderam disseram que pela fixação de preços, e 40 por cento disseram que pela filantropia.

Um mês e meio após o ataque ao World Trade Center, a presidente da Cruz Vermelha americana, Dra. Bernardine Healy, foi forçada a renunciar ao cargo. Fora criticada por coletar sangue demais, muito além do que era necessário naquele momento. As pessoas também ficaram abaladas ao saberem que 500 milhões de dólares arrecadados pelo Liberty Fund, a arrecadação do 11 de Setembro feita pela Cruz Vermelha, não foram destinados apenas às vítimas, mas também a diversos serviços da instituição.

No entanto, parece que a impopularidade da Dra. Healy deveu-se tanto a sua renúncia forçada quanto a sua política. Em investigações posteriores, foi revelado que seu estilo audacioso e sua determinação exagerada em promover a Cruz Vermelha não eram apreciados por seus colegas. Healy declarou que sua renúncia fora provocada pelo fato de ela apoiar a inclusão de Israel na Cruz Vermelha Internacional.

Lendo a respeito da desprezível politicagem existente na Cruz Vermelha, recordei minha conversa com Tracey Capers, consultora de organizações não lucrativas, que começou sua carreira trabalhando em algumas delas. "As pessoas que trabalham em organizações beneficentes ou governamentais podem ser as mais implacáveis, arrogantes e detestáveis", ela disse. "O ambiente da caridade nem sempre é caridoso. Quando comecei a trabalhar no mundo das organizações sem fins lucrativos, pensei que ia encontrar utópica gentileza, mas descobri que aquelas pessoas são capazes de arrancar seus olhos para chegar ao topo."

Perguntei-lhe se esse comportamento desvalorizava o processo, e ela respondeu que, apesar de tudo, aquela gente ainda fazia um bom trabalho.

Vamos levar essa análise um pouco mais além. Após o ataque de 11 de setembro aos Estados Unidos, governos de todo o mundo começaram a negar ajuda às instituições islâmicas, acusadas de estarem vinculadas a organizações terroristas. O caso mais notório nos Estados Unidos foi o que envolveu a Holy Land Foundation for Relief and Development, no Texas. Os estatutos da fundação esclarecem que seu trabalho é dedicado a "prestar auxílio a refugiados e indigentes palestinos" residentes na fronteira com Israel e em Gaza. Em dezembro de 2001, o governo americano congelou os bens da fundação, explicando que ela era uma fachada do Hamas, o movimento de resistência islâmico, iniciado em 1988. A convenção do Hamas declara especificamente que sua meta principal é a destruição do Estado de Israel.

A Holy Land Foundation doava dinheiro para escolas, viúvas e órfãos?

Doava.

Mas, aparentemente, também apoiava os objetivos militares e políticos do Hamas, cuja convenção cita o profeta Maomé: "O Dia do Julgamento só acontecerá quando os muçulmanos lutarem contra os judeus (quando os matarem), quando os judeus se esconderem atrás de pedras e árvores, e as pedras e árvores gritarem, avisando os muçulmanos de que há judeus escondidos atrás delas, pedindo que venham matá-los."

Fazer contribuições para instituições com tais metas não é doar com justiça.

E quando o vínculo entre caridade e guerra é estabelecido em nome da autodefesa? O United Jewish Appeal (UJA) teve início em 1935 para prestar assistência a refugiados europeus perseguidos pelo nazismo. Depois da Segunda Guerra Mundial, a organização adotou como focos de sua atenção o Estado de Israel e os judeus em dificuldades em todo o mundo. Armar é o mesmo que doar?

John Rosenwald contou-me a respeito de um apelo de emergência do UJA durante uma das guerras entre judeus e árabes. "Israel fora invadido pelo Egito, Golda Meir visitou os Estados Unidos e, numa tarde de domingo, a comunidade judaica de Nova York reuniu-se no Waldorf. Ela olhou para a platéia e disse: 'Meu país foi invadido e é muito possível que sejamos empurrados para dentro do mar. Se seus avós tivessem se inclinado para a esquerda, em vez de para a direita, hoje vocês estariam vivendo em meu país. Precisamos de sua ajuda. Não tenho tempo para esperar vocês irem para casa e pensar a respeito. Não tenho tempo para esperar que consultem seus assessores. Não tenho tempo para esperar que nos deixem dinheiro em seu testamento. Precisamos de ajuda agora.'"

De acordo com a lembrança de Rosenwald, Golda Meir naquele dia arrecadou para Israel 300 milhões de dólares, que seriam gastos em atividades militares.

Posso achar o Hamas repreensível, e justa a causa dos israelenses, e você pode pensar o contrário, mas, seja como for, essas doações não me parecem caridade.

Maimônides, entretanto, não era pacifista. Aprovava a guerra em certas circunstâncias. Sua inclinação, porém, sempre se pautou pela justiça, e seu apoio à ação militar era relutante. "Não se deve declarar guerra contra os outros sem antes tentar manter a paz", ele escreveu.

Claro, conquista e caridade sempre andaram de mãos dadas. Você se lembra das Cruzadas? Ao longo de séculos, os nobres cavaleiros inspiraram elevadas idéias de honra, lealdade, devoção e caridade, ideais pregados ao compasso de horrível violência, derramamento de sangue, racismo e crueldade.

Os indivíduos podem ter motivos variados para dar e receber, e o mesmo acontece com instituições e governos. A caridade raramente é pura, como disse James A. Smith, estudioso do período medieval, que divide seu tempo entre o mundo acadêmico e o mundo das fundações. Ele estava assessorando a fundação J. Paul Getty, quando o entrevistei.

"Desde o começo, a caridade e a doação sempre tiveram no mínimo dois ou três propósitos, possivelmente muitos mais", ele observou. "Os propósitos foram se modificando à medida que a natureza da riqueza mudava. Quando uma pessoa tem dinheiro, pode agir de uma certa forma. Quando tem terras, ou recursos produzidos pela terra, ou dirige alguma fonte de renda, comporta-se de maneira diferente com respeito à caridade. E o papel representado pelo Estado é outro."

A regulamentação da caridade surgiu com o crescimento das nações na Idade Média, quando os governos começaram a tentar regrar a caridade institucional para evitar a corrupção. Maimônides construiu sua escada numa época em que muitas pessoas eram consideradas intermediárias entre os humanos e Deus, o relacionamento entre fé e razão. Para Smith, um dos períodos mais interessantes nesse sentido foi o século XVI, quando por toda a Europa Ocidental houve reformas, num esforço para que as doações de caridade fossem mais significativas para os beneficiados, para acabar com a corrupção e racionalizar a relação entre caridade privada e funções municipais e estatais. Essas reformas visavam fazer com que as doações de caridade, principalmente à pobreza, fossem administradas com justiça. Assim, por exemplo, se uma pessoa abastada especificasse em testamento que deixava sua casa para um hospital ou orfanato, a lei designava alguém para executar essa vontade de modo responsável.

"Eles não tinham uma palavra para isso no século XVI", Smith explicou. "Mas 'negociata' seria um bom termo para rotular o que as pessoas tentavam evitar."

Smith captou ecos dessa reforma do século XVI nos debates que levaram à reforma tributária norte-americana de 1969, que mudou notavelmente a relação entre governo e filantropia. A reforma se deu por causa dos abusos cometidos por doadores ricos e suas fundações particulares, que conseguiam isenção de impostos para instituições beneficentes que, de maneira suspeita, pareciam satisfazer um capricho pessoal, não um interesse social. Pela primeira vez, a receita pública poderia punir ativamente as fundações com falsas alegações beneficentes, em vez de apenas revogar a isenção de impostos. Havia regras que impediam negociatas (como a de Lorraine Hale) e regras explícitas que forçavam as fundações a aplicar seus recursos em caridade, impedindo-as de segurá-los.

O Congresso, no decorrer dos anos, dobrou-se algumas vezes, concedendo isenção de impostos para fundações beneficentes, entre 1984 e 1994, tanto por legislação específica como sub-repticiamente; por exemplo, como uma cláusula não formalmente introduzida, anexada a uma lei que, entre outras coisas, aumentava o salário mínimo.

"Isso significa que agora, em vez de doar 20 milhões de dólares, digamos, para a United Way ou a uma universidade, os ricos podem aplicar grandes quantias de suas fortunas em instituições beneficentes de sua própria criação, sobre as quais exercem quase que controle total, e ainda conseguir polpudas deduções em seus impostos", escreveu Mônica Langley em *The Wall Street Journal*, em 1998.

Em sua matéria sobre uma breve reencarnação da isenção de impostos para fundações particulares, ela citou várias famílias ricas que usaram esse recurso para favorecer obras beneficentes de sua preferência, como, em um dos casos, um fundo de bolsas de estudos para universitários e, em outro, uma fundação de arte. Ela observou que essas instituições particulares são muito usadas para que seja mantida a união das famílias. "Muitas reuniões de fundações são efetuadas em feriados", ela escreveu. Isso acontece porque essas já são datas em que as famílias costumam se reunir, ou, talvez, porque seja uma maneira de incentivar os filhos que se afastaram a retornar.

Sem dúvida algum, qualquer ação que reúna uma família tem suas virtudes, mas isso pode ser considerado caridade ou, mais importante ainda, deve servir para dedução de impostos?

Langley, com as restrições à filantropia que expôs em *The Wall Street Journal*, providenciou tema e variações sobre a questão dos impostos na beneficência. Em matéria de primeira página, ela explicou como o Fidelity Investments Charitable Gift Fund chegou rapidamente a ter 1,5 bilhão de dólares em 1998, rivalizando com grandes instituições tradicionais como a Cruz Vermelha e o Exército da Salvação, permitindo que doadores deixassem seu dinheiro render, livre de impostos, até que decidissem realmente doá-lo. Não havia nenhum prazo, nem mesmo um que fosse limitado pelo tempo de vida do doador.

"Alguns doadores do Fidelity usaram isso tanto para fazer contribuições que podem ser impróprias, como para usufruir a garantia dada por instituições ou conseguir deduções integrais por patrocinarem pomposos eventos beneficentes", ela escreveu. "Outras contribuições foram usadas para custear projetos como o de criação de lagostas em cativeiro." Ela citou outros operadores de fundações que reclamavam que o Fidelity estava misturando operações comerciais com beneficentes.

A investigação do *Journal* não revelou fraude deliberada. Alguns dos doadores que operaram por meio do Fidelity disseram ter usado inadvertidamente seus direitos para atividades proibidas, como a mulher de Boston que usou sua conta para comprar entradas para um jantar beneficente, o que não era absolutamente dedutível de impostos. Mas perguntas à moda de Rambam sobre ética e espiritualidade aparecem no texto das reportagens fortes e minuciosas de Langley. Enquanto um grande grupo de americanos ficou mais rico, enquanto um grupo ainda maior ficou mais pobre, a caridade entremeou-se cada vez mais com questões comerciais. Quanto mais as pessoas dão, mais interessadas ficam em aumentar suas dádivas. Às vezes parece que a estratégia supera a finalidade do jogo, que é redistribuir parte da riqueza. Fazer o dinheiro girar torna-se mais atraente e interessante do que a preocupação com a injustiça que nos permite essa indulgência.

Em meu quadro de avisos há uma tira do *New Yorker* na qual um homem de aparência próspera, carrancudo, com uma pasta na mão, ignora um sujeito de barba crescida que lhe estende o chapéu. O homem que está pedindo uma esmola parece aborrecido e diz: "Não estou lhe pedindo para reconhecer que temos em comum a condição humana."

O trabalho de Melissa Berman é ajudar pessoas muito ricas a lidar com a Escada da Caridade de um modo significativo, financeiramente inteligente, que também deixe espaço para o reconhecimento da condição humana comum a todos nós. Ela não concorda com a idéia de que essa abordagem de planejamento estratégico seja uma corrupção das transações beneficentes.

"Embora essas decisões também possam ter um componente espiritual e emocional, isso não significa que uma pessoa precise tomá-las sozinha, em comunhão consigo mesma num quarto em penumbra", ela comentou, falando comigo.

Melissa Berman é uma mulher miúda, cujas atitudes práticas e estilo vivo denotam seu intelecto irrequieto. É fácil acreditar que se especializou em uma língua falada na Escandinávia medieval, algo obscuro e interessante. É diretora da Rockefeller Philanthropy Advisors, uma organização sem fins lucrativos fundada pela família Rockefeller na primavera de 2002 para promover sua filosofia. A missão: "Ajudar doadores a criar uma filantropia cuidadosa e eficiente no mundo todo." Uma das esperanças era a de que doadores condicionados apoiariam os projetos favoritos dos Rockefeller.

Para Berman, a estrada para a espiritualidade passa por um programa de nove etapas (parece que a vida ficou mais complicada desde que Rambam construiu sua escada de oito degraus). Numa apresentação em Powerpoint que faz aos conselheiros de investimentos, ela induz as pessoas a considerar motivos e meios e oferece maneiras concretas de realizar o que desejam. Faz perguntas específicas, como quanto as pessoas querem doar e a quem, para que tipo de causa e por quê. Dá sugestões sobre o modo como avaliar organizações e extrair satisfação das doações que fazem.

"Pensamento é diferente de motivo", ela explicou. "O pensamento é o processo intelectual que gostaríamos de encontrar em mais pessoas, aquele que as levam a dizer que têm recursos e a perguntar qual é a melhor maneira de usá-los. Uma pessoa pode ser motivada por um legítimo impulso filantrópico, mas sua doação ainda pode ser emocional e aleatória.

Os conselhos profissionais de Melissa Berman são dirigidos a pessoas que têm muito dinheiro para doar. Muitos deles, porém, podem ser úteis para qualquer pessoa indecisa diante de um sem-número de solicitações de doação sobre a mesa, de campanhas de caridade da igreja ou da escola, do esforço comunitário para a recuperação do parque do bairro e das incontáveis oportunidades de fazer algum trabalho voluntário.

"Comprar uma casa é uma decisão extremamente pessoal e emocional, mas isso não significa que dispensemos o parecer de um engenheiro", ela observou. "Ou que não queiramos saber como funcionam as escolas do bairro, como é a comunidade, qual é o valor da casa."

Como Rambam, Berman acredita no poder das regras, e seu programa em nove etapas é a parte central de seu trabalho com clientes ricos que têm o desejo de tomar uma decisão prática e espiritual.

"Ficamos perfeitamente à vontade para fazer uma doação à nossa Igreja, para a construção de uma cozinha para preparar a sopa dos pobres, porque confiamos nos responsáveis pelo projeto, sabemos que darão o melhor de si e que, se todo o esforço não surtir efeito, será devido a uma série de fatores compreensíveis. É quando começam a expandir o âmbito de suas doações que as pessoas deixam de se sentir à vontade."

Ela aconselha as pessoas a tratar a doação como tratariam um investimento ou a compra de uma casa: pesquisar, refletir sobre o que estão tentando obter, decidir quanto tempo e dinheiro desejam gastar. Acima de tudo, ela recomenda que se investigue a respeito dos intermediários para saber se eles cumprirão suas promessas.

Melissa Berman compreende o dilema essencial da caridade: podemos ter certeza de que o dinheiro que estamos doando será bem empregado? Para muitas pessoas, o desconforto que cerca esse assunto é uma enorme barreira que pode impedi-las de doar. Com o tempo, porém, elas talvez descubram que o isolamento deliberado é uma corrupção do intercâmbio humano e que assim estão se condenando à solidão.

**8**
RESPONSABILIDADE

---

**7**
**ANONIMATO**

---

6
CORRUPÇÃO

---

5
LIMITES

---

4
VERGONHA

---

3
SOLICITAÇÃO

---

2
PROPORÇÃO

---

1
RELUTÂNCIA

---

*Fazer uma doação a quem não conhecemos,*
*e fazê-la de modo anônimo.*

Rambam esteve longe de levar uma vida reclusa. Depois de anos de viagem, sua família acabou por estabelecer-se em Fustat, a mais ou menos três quilômetros do Cairo. Ele se tornou líder da comunidade judaica e médico particular do sultão egípcio. O ritmo acelerado de sua vida e sua incapacidade de conseguir fazer tudo o que queria parecem situações muito familiares. Longe de obter todas as respostas que desejava, o sábio era pressionado a cumprir as tarefas de rotina. Ele devia saber como a luta pela justiça é facilmente sobrepujada pelas exigências de cada dia.

Percebe-se sua exaustão em uma carta que ele escreveu a um jovem erudito, seu discípulo, Samuel ibn Tibbon, que estivera trabalhando na tradução de *O guia dos perplexos* e queria visitá-lo. "Deus sabe que tenho escrito muito", ele se queixou. "Fujo das pessoas, escondo-me para que não me possam encontrar. Às vezes, para escrever, encosto-me em uma parede ou me deito, porque minha extrema fraqueza e minha idade conspiram contra mim."

Então, explica por que o tempo que eles poderão passar juntos será limitado. "Moro em Fustat, o sultão reside no Cairo; entre os dois lugares existem duas zonas de descanso. O sultão tem um hábito difícil que torna impossível eu deixar de ir vê-lo todas as manhãs. Quando se sente fraco, ou um de seus filhos ou concubinas está doente, não posso sair do Cairo, passo o dia todo na casa dele. Também me é impossível deixar de ver seus ministros diariamente e, se um oficial estiver doente, tenho de fazer com que se cure. Assim, parto para o Cairo todos os dias ao romper da aurora e, se não houver nenhum problema, nenhuma novidade, passa-se pelo menos meio dia antes de eu estar de volta em Fustat. Quando chego em casa, faminto, encontro o pátio cheio de pessoas não-judias, algumas importantes, outras comuns, juízes, oficiais, uma mistura de visitantes à minha espera. Desço da montaria, lavo as mãos e saio para pedir desculpas por precisar fazê-los aguardar alguns minutos enquanto como alguma coisa rapidamente, muitas vezes minha única refeição do dia. Então, vou cuidar deles, escrevo receitas e o vai-e-vem continua até tarde da noite. Às vezes, e que a Torá seja testemunha do que digo, não vou me deitar antes das duas da madrugada. Converso com as pessoas deitado, de tão cansado, e quando tudo termina não consigo mais falar. Como resultado, nenhum homem de Israel pode falar comigo ou passar algum tempo em minha companhia a não ser nos sábados. Todos vêm depois das orações, oriento a comunidade a respeito do que deve ser feito durante a semana, fazemos alguma leitura até o meio-dia, então todos vão embora. Muitos voltam à tarde, para mais um pouco de leitura até a hora das orações da noite.

"Minha situação é essa, e eu lhe contei apenas uma pequena parte do que você verá com a ajuda do Senhor, bendito seja Seu nome. Quando terminar a tradução que começou, venha para uma visita, não para estudar comigo, porque meu tempo é limitado demais."

No contexto dessa ocupada vida pública, o anonimato pode ter sido uma virtude tanto espiritual quanto prática. Embora muito de sua energia intelectual fosse consumido por reflexões filosóficas, Rambam não era um sábio isolado que contemplava o mundo da segura reclusão de uma biblioteca ou de um templo. No entanto, seu envolvimento teve um preço alto. A dor que o dominou depois da morte do irmão deixou-o frágil e precocemente envelhecido, mas não inativo. Nos 30 anos seguintes, ele se tornaria médico do sultão egípcio e escreveria importantes obras médicas e filosóficas. Era constantemente requisitado para aconselhar e curar. Tudo isso deve ter aumentado para ele a atração da bondade dispensada de sob um manto de anonimato.

Ele não era nenhum santo altruísta. Veja como reclama das responsabilidades que lhe valeram uma posição privilegiada entre seu próprio povo e aquele que exercia poder acima do seu. Uma outra pessoa poderia cuidar da saúde do sultão e de suas esposas, mas é compreensível que Rambam, tendo passado tantos anos de sua vida escondendo-se, com medo, quisesse segurança para si mesmo e sua família. Existe uma certa ambição por trás de seu relacionamento com Deus, algo que não era mantido em segredo, mas declarado publicamente, por meio de seus escritos e debates.

Pelo lado espiritual, para Rambam, que vivia em comunidades relativamente pequenas, o anonimato significava proteger os pobres da condescendência dos doadores, ou evitar que se sentissem devendo uma obrigação. De modo similar, Aristóteles já pregara que se devia dar sem esperar nada em troca. O contemporâneo de Rambam, São Francisco de Assis, desencorajava o reconhecimento público de ações caridosas. Hoje, filantropos, assim como doadores não tão ricos, geralmente atuam no anonimato para proteger-se de mais solicitações, ou para esconder suas ações de membros da família e amigos que poderiam não aprovar as causas que eles estão ajudando.

A caridade anônima pode ser a forma mais elevada de generosidade, mas isso não despersonaliza o processo? No mundo de hoje, já é fácil demais nos afastarmos do simples contato humano. Fazemos compras pela Internet, passamos muito mais tempo diante de uma televisão ou da tela de um computador do que entre pessoas, por exemplo, nos cinemas, e fazemos doações pelo correio. O anonimato tornou-se muito mais fácil de alcançar do que a percepção consciente da situação dos outros, que é tão importante à filosofia de Rambam.

Paul Schervish, professor de sociologia e diretor do Social Welfare Research Institute do Boston College, passou anos analisando os motivos que levam as pessoas a doar. Entre 1995 e 1997, ele e John J. Havens, pesquisador associado do instituto, conduziram um estudo do que eles chamaram "comportamento generoso", envolvendo 44 pessoas na área de Boston. (Como a caridade, a pesquisa raramente é pura: o projeto foi financiado por algumas grandes fundações.) Eles pediam aos participantes da pesquisa que lhes passassem um relatório semanal por telefone, falando de "*todos os modos*, formais e informais, pelos quais prestaram ajuda material ou emocional a outras pessoas".

As informações sobre ajuda informal não surpreenderam. Quase 90 por cento da população-amostra faziam contribuições a organizações religiosas. Os que doavam a outras causas tendiam a doar quantias muito maiores a organizações que os haviam beneficiado ou a alguém próximo deles.

O que mais interessava aos pesquisadores eram as doações que iam além de contribuições financeiras a causas de caridade organizadas. Isso incluía a ajuda estendida a parentes e amigos, doação de sangue, participação em campanhas de arrecadação, trabalho voluntário em jogos de bingo da igreja ou em atividades esportivas de crianças e adolescentes, o auxílio a vizinhos, fosse cuidando de suas plantas ou animais, ou fazendo algum conserto em suas casas. Essa noção ampliada de doação também incluía apoio emocional dado a pais, netos e amigos.

Vejamos o que eles descobriram, usando esses parâmetros mais amplos. "Os participantes contribuíram com uma média de 9.269 dólares, ou aproximadamente dez por cento da renda bruta familiar, em dinheiro e outras coisas, e 102 dias por pessoa no que diz respeito a tempo gasto com assistência a outros, tanto de modo formal, de acordo com as definições tradicionais de doação e voluntariado, como informalmente, de acordo com nossa definição mais ampla de assistência voluntária. Além disso, os participantes fizeram em média 11 empréstimos cada um a outros indivíduos, e cada um deles, por 460 vezes em média, elogiou outras pessoas ou deu-lhes algum encorajamento desse tipo.

Esse aparente excesso de generosidade foi bastante reduzido quando os pesquisadores observaram isoladamente as doações a obras beneficentes organizadas: em dinheiro, 2,2 por cento da renda familiar, e em tempo, 15 dias por pessoa.

Schervish e Havens basearam-se no estudo dos relatórios diários para sugerir uma nova e otimista teoria de relacionamentos sociais que chamaram de "cidadania moral". Numa época em que outros cientistas sociais estavam deplorando o declínio do engajamento político dos americanos, salientando a diminuição de pessoas que votavam, os pesquisadores do Boston College concluíram que, "longe de ser uma sociedade negligente, os Estados Unidos são uma nação imensamente generosa".

Argumentaram que muitos pesquisadores vêem o comportamento generoso com muita estreiteza, em termos de abnegação e *noblesse oblige* pelo lado do altruísmo, ou em termos de culpa e reciprocidade pelo lado do interesse próprio. Propuseram uma idéia alternativa: "O comportamento generoso é motivado pela identificação com as necessidades dos outros."

Esses acadêmicos podem se parecer com Poliana, a incorrigível otimista da literatura, sonhadores em torres de marfim, falando dessa maneira sobre um país ainda tão apreciador de armas, onde as prisões estão superlotadas e o sistema de saúde é espantosamente injusto. Mas também é um país que em seu enorme espaço acomoda desejos fragmentados, onde os cidadãos tentam conciliar idealismo e realismo, racionalizar a aparente incompatibilidade entre capitalismo desenfreado e preocupação com os outros. Assim como os americanos são simultaneamente confiantes e desconfiados, pornográficos e puritanos, também são generosos e egoístas. Não importa em que posição cada um se encaixe, não se pode dar o luxo de ignorar os outros.

A idéia de identificação de Schervish e Havens fez sentido para mim, porque pelo menos uma vez por semana me revolto com alguma ação ultrajante que fere o pacto social. Essas ofensas podem ser pequenas, mas são grandes em meu catálogo de comportamentos egoístas. Por exemplo, um dia eu estava viajando de metrô com meus filhos e vi um casal de idosos entrar no trem lotado. Nenhum dos dois parecia muito forte.

Eu estava em pé, perto de três homens sentados, dois deles jovens, aparentando prosperidade e boa saúde. Eram brancos, e menciono isso por uma razão. O terceiro homem era de meia-idade, negro, segurava uma bengala e usava um casaco surrado.

Eles todos olharam para os velhos, ignorando-os em seguida. Pedi aos dois homens mais jovens que dessem seus lugares ao casal. O velho estava cambaleando, sem equilíbrio. Os dois homens continuaram sentados, olhando para mim com uma expressão de profundo espanto; então, o negro com a bengala levantou-se com dificuldade, oferecendo seu assento.

"Não, o senhor, não", apressei-me em dizer e apontei para os outros dois. "Estou falando com eles."

Por fim, demonstrando uma perplexa indecisão semelhante à de crianças que acabaram de despertar, eles se levantaram e cederam seus lugares ao casal de idosos.

Minha filha de 12 anos estava prestes a me censurar por tê-la deixado embaraçada (mais uma vez), quando uma mulher de rosto muito simpático exclamou. "Muito bem!"

Ela estava sentada perto, com uma menininha adormecida no colo, e assistira ao desenrolar da cena. Fez um gesto de cabeça na direção dos dois jovens, agora em pé, e continuou: "Recusam-se a ver."

Contei a ela que me lembrava de estar grávida, viajando em pé num trem de metrô, olhando para os passageiros sentados, fazendo apostas comigo mesma sobre quem me ofereceria seu lugar. Quase sempre, as pessoas que faziam essa gentileza, em ordem decrescente, eram: mulheres com crianças, mulheres sem crianças, velhos, homens de origem hispânica, homens negros e, por fim, homens brancos, jovens ou de meia-idade. Os mais privilegiados eram os mais indiferentes.

Ela concordou comigo e falou de suas próprias experiências. Nós duas nos separamos com uma despedida amigável, e eu havia ganhado uma nova percepção: aquela era uma das pequenas transformações das quais Marnie Pillsbury falara.

Fiquei pensando naquilo por longos momentos, depois que desembarquei com meus filhos. A sucinta avaliação da mulher continuava a soar em minha mente: "Recusam-se a ver."

Pensei novamente naqueles homens que se recusaram a ver, quando li o conselho que Schervish e Havens davam às fundações que usavam sua pesquisa como orientação: "O modelo severo de arrecadação de fundos, que procura incentivar a doação e o trabalho voluntário com pressão, incutindo culpa, admoestando, devia ser substituído por um que atraísse o indivíduo, que procurasse aproveitar suas experiências anteriores, de quando ofereceu e recebeu generosidade, quando se identificou com a situação de outra pessoa, quando conheceu emoções que são endêmicas para o amor humano."

Isso parece lógico e legítimo, consistente com os aspectos mais nobres da doação, assim como com verdades emocionais básicas. Sim, olhemos uns aos outros nos olhos. Procuremos ver o que está perturbando a outra pessoa.

Então, o que há de interessante no sigilo, que elimina o fator emocional e os calorosos sentimentos que acompanham o ato de dar assistência a outros? Por que o anonimato ocupa um lugar tão alto na escada? Por que era tão importante para Rambam?

Para ele, que seguia a lei mosaica e a tradição judaica, a resposta era simples: o anonimato era o jeito mais seguro de proteger o pacto com Deus contra atitudes tolas. Esse modo de dar vai além dos relacionamentos humanos, evita mágoas e elimina o louvor. Nos tempos antigos, a meta da doação era a conquista da retidão, não a dedução de impostos, que nem existiam. Não era também o enaltecimento pessoal, ou o bem-estar psicológico, nem mesmo a identificação com a situação dos outros. A retidão seria a recompensa.

Há um outro tipo de anonimato, um tipo diferente de autoproteção. Uma das mulheres que fazem parte da diretoria do Bowery Residents' Committee me contou que para ela é um tormento pedir a amigos que contribuam com nosso trabalho.

— Não devia se sentir mal por pedir — eu lhe disse. — É para uma boa causa.

— Eu sei que é — ela afirmou. — Mas fico atônita quando pessoas que sei que poderiam dar não dão nada. Seria melhor não saber que são tão egoístas.

Desse modo, a exibição do nome Rockefeller por toda Nova York é imprópria? Ou será um valioso lembrete de que uma grande fortuna gera uma grande responsabilidade e um tipo especial de relacionamento entre ricos e pobres? Se este for o caso, por que certos tipos de filantropia divulgada parecem de tão mau gosto? Um fato que me entalou na garganta ocorreu quando o prefeito bilionário de Nova York, Michael Bloomberg, comprou uma bicicleta de 600 dólares para encorajar os cidadãos a imitá-lo, no caso de uma greve dos meios de transporte, e depois, quando um contrato foi negociado, e a situação normalizada, deu-a um garoto afro-americano do Brooklyn, que sofria de diabetes. Concordo, emociona pensar nesse momento mágico na vida do menino. Além disso, Bloomberg é famoso por sua generosidade, de modo que aquele seu gesto não podia ser considerado incomum. No entanto, a crua evidência de oportunismo político maculou-o — isto é, para mim, mas suponho que não para o garoto que ganhou a bicicleta. A alegria dele, pelo menos de acordo com a matéria do jornal *The New York Times*, parecia genuína e indiscutível.

O prefeito apenas seguia uma longa tradição. Em 1990, James A. Smith, estudioso da época medieval, e um colega investigaram a questão do anonimato para uma fundação que estava pensando em esconder sua identidade. Escreveram um trabalho que nunca foi publicado, o que talvez seja certo, dado o assunto, mas que entrou para os arquivos do Boston College. Numa discussão sobre o que chamam de "a virtude pública da caridade", eles contam a história do conde Thibaut de Champagne, famoso por sua generosidade.

"Uma ocasião, o conde carregou um cavalo de carga com sapatos e linimentos, pretendendo distribuí-los entre os pobres, enquanto estivesse viajando pelos campos. Um monge perguntou-lhe por que ele estava fazendo aquilo pessoalmente, quando podia dar essa incumbência a um de seus muitos servos. Thibaut respondeu que assim aumentaria seu amor pelos pobres, que seu gesto provocaria neles maior devoção e gratidão, que por isso aquela gente rezaria por ele com mais freqüência e fervor e que, além de tudo, ficariam com uma impressão mais vívida em seus corações."

O desejo de anonimato, assim como a doação, surge de muitos motivos e cumpre muitos propósitos. Não é fácil descobrir os motivos, porém, pelos quais a maioria dos benfeitores anônimos deseja realmente continuar desconhecida, como constatei ao tentar encontrar um deles objetivando uma entrevista para minha pesquisa. Finalmente, por intermédio de um amigo, depois de garantir que não revelaria a identidade da pessoa, entrei em contato com uma mulher que estava disposta a explicar por que achava importante manter o anonimato. Até nossos arranjos para a entrevista foram clandestinos: mandei-lhe meu número de telefone por um intermediário, e ela me telefonou.

A mulher foi atenciosa, mas seca. Com cinqüenta e poucos anos, é herdeira de uma imensa fortuna, mas tenta com muito esforço forjar uma identidade que não a identifique com o dinheiro da família da mãe. É psicoterapeuta e passou a maior parte de sua vida profissional dando atendimento e obtendo serviços para pessoas pobres, principalmente crianças e suas famílias, às vezes pessoalmente e às vezes por intermédio de escolas e centros comunitários. Seus colegas de trabalho nem imaginam sua origem.

Durante anos, ela viveu uma existência dupla, tão preocupada em manter os dois lados separados, que nem pensou no bem que poderia fazer com sua riqueza. Não que ignorasse os necessitados, isso não. Pelo contrário, devotava sua carreira profissional a eles. Por mais difícil que nos seja compreender, ela achava que o dinheiro da família era um fardo, algo que a deixava isolada. Mesmo assim, não optou por levar a vida de uma pessoa pobre, nem mesmo a de uma de classe média. Sempre habitou o mundo de privilégios no qual nasceu.

"É óbvio que tiro proveito do dinheiro que tenho", ela me disse. "Será uma contradição muito grande, eu viver como vivo e trabalhar onde trabalho? Talvez, mas é isso o que eu faço."

Demonstrou uma ponta de amargura que talvez possa ajudar a explicar suas atitudes. O pai não herdou uma grande fortuna, mas tornou-se rico por esforço próprio. Quando morreu, deixou todo o seu dinheiro para parques nacionais e nada para os filhos, embora a filha não se lembrasse de ele algum dia ter mostrado qualquer interesse especial por parques.

"Eu não precisava do dinheiro dele e nem o queria, mas achei sua decisão muito interessante", ela contou. "Ele só queria nos excluir de todas as maneiras."

Somente quando contava quarenta 43 anos ela pensou em fazer grandes doações, e apenas porque a mãe, postumamente, obrigou-a a isso. No testamento, a mãe transferiu o dinheiro da família para os quatro filhos, com a exigência de que eles o empregassem para fins de caridade. Ao contrário da filha, ela sempre vira a questão de *noblesse oblige* como algo natural. A sua vida social e a filantrópica eram entrelaçadas. Ela tendia a apoiar causas que valorizavam as noções tradicionais de esclarecimento e beleza, como jardins botânicos e orquestras filarmônicas. Mas seu exemplo não era acompanhado de orientações sobre como tomar decisões para fins de caridade.

Três de seus filhos não tiveram nenhum problema em usar parte de seu dinheiro para abertamente apoiar causas de seu interesse pessoal: medicina, meio ambiente, artes. A outra herdeira, a doadora anônima que falou comigo, achou difícil, até mesmo traumático, cumprir sua obrigação, embora fosse apaixonada por serviços sociais e pudesse ter encontrado todos os empregos possíveis para o dinheiro.

"Eu simplesmente não queria me envolver com aquilo", ela explicou. "Nunca me vi como filantropa, nunca quis ser conhecida assim."

Mas, forçada pela exigência da mãe a assumir o papel, ela contratou uma pessoa de sua confiança para ajudá-la a decidir como doar dinheiro a causas nas quais acreditava. Criaram uma fundação que distribuiria 1 milhão de dólares por ano a várias organizações que se dedicassem a dar assistência à infância.

Seu desejo de anonimato era uma forma de autoproteção. Ela não queria perder a independência profissional, a qual mantém. Mas, à medida que conhecia melhor as complicações do mundo das fundações, seu anonimato tornou-se também um recurso de caráter prático, pois lhe permitia avaliar as instituições às quais dava dinheiro, como uma profissional da área da saúde, não como a mantenedora de uma fundação.

A preocupação com a possibilidade de fazer os beneficiados sentirem vergonha era irrelevante.

"As pessoas não se envergonham de ser obsequiosas com os filantropos. Por que eles deveriam preocupar-se com isso? Por que eu vou me preocupar?"

Ela deixou para o marido, que não veio de família rica, a tarefa de ensinar os filhos a lidar com dinheiro, porque ele gosta disso. O filho de 23 anos começou recentemente a doar dinheiro, e não o faz anonimamente.

"Ele se sente muito bem assim", a mulher comentou. "E penso que está fazendo um ótimo trabalho."

Ela acha que a habilidade de rejeitar o anonimato é uma virtude do filho, uma conseqüência natural de sua competência para assumir a responsabilidade de doar.

Essa história, nosso próprio modo de pensar sobre caridade e a exigência de anonimato de Rambam sugerem que a doação sempre flui para baixo, dos mais ricos para os mais pobres. O que acontece, quando viramos isso de cabeça para baixo, e os que não têm posses tornam-se os doadores?

Ronald Williams aprendeu, há muito tempo, a não fazer suposições fáceis. Ele é um dos diretores do Adult Day Care Health Care Program, que opera o centro de crise do Bowery Residents' Committee. O BRC oferece serviços a pessoas que vivem nas ruas, muitas das quais são mentalmente doentes ou dependentes de drogas e álcool. Num dia típico, o centro de crise recebe pessoas que estão em programas de desintoxicação, outras que ainda não decidiram se querem ser tratadas, e outras que estão sendo transferidas de um programa de desintoxicação para um de outro tipo. Algumas apenas aparecem por lá para tomar banho e passar a noite em uma cama segura.

As primeiras horas da manhã são as mais movimentadas, porque é o momento em que as pessoas estão sendo admitidas ou liberadas. Por alguma razão, as manhãs de terça-feira são as mais agitadas, e a tragédia de 11 de setembro de 2001 aconteceu em uma manhã de terça-feira. Naquele dia, Williams estava em seu escritório, na Lafayette Street. O centro de crise fica logo abaixo da Houston Street, um quilômetro e meio ao norte do distrito financeiro do centro de Nova York. Um dos clientes desabrigados chegou correndo, vindo da Prince Street, onde costumeiramente fica, a dois quarteirões de distância do centro de crise, e bateu na janela, dizendo: "Sr. Williams, alguma coisa muito ruim está acontecendo."

Williams tinha um relacionamento especial com esse homem, que fora seu primeiro cliente, 14 anos antes, quando ele começara a trabalhar como enfermeiro no BRC, planejando ficar apenas alguns meses. O homem dissera-lhe algo que se tornara seu princípio orientador: "Se o senhor deixar um bêbado dormir em seu asilo por uma noite, estará salvando a vida dele."

Williams tinha muito afeto por aquele mendigo, com quase 60 anos e mentalmente doente, que com freqüência ficava bastante confuso.

Mas, naquela manhã, o homem parecia com medo e ainda mais confuso. Alguma coisa muito grave devia ter acontecido. Williams levou-o para o salão, onde a televisão estava ligada. Um dos clientes disse: "Estão dando uma notícia extraordinária." Ouvindo a notícia, mas ainda não compreendendo, funcionários e clientes ficaram imóveis, em silêncio.

Williams é um afro-americano de seus 50 anos, de físico forte, com uma barba grisalha e, para combinar com sua aparência, muita experiência ganha com a vida dura que tivera, crescendo discriminado em Tulsa, Oklahoma, sem mencionar o serviço prestado na Guerra do Vietnã, como enfermeiro.

"Aquilo me lembrou o Vietnã, quando todos ficavam pensativos, antes de uma ofensiva", ele me disse. "Ninguém sabe o que está para acontecer, mas todos sabem que algo vai acontecer e que será trágico."

Não demorou muito para que a rua começasse a se encher de gente que subia de Manhattan, andando depressa. As pessoas do primeiro grupo que passou pareciam aterrorizadas, as do segundo estavam cobertas de pó e algumas de sangue também. O que se seguiu chamou a atenção de Williams, que pensava que nada mais o surpreenderia.

"Meus clientes, os mendigos, pessoas do mais baixo degrau da sociedade, estavam apresentando sugestões aos funcionários. Levamos cadeiras para fora, ligamos uma mangueira em uma torneira, uma enfermeira apareceu com tudo de que dispúnhamos para prestar primeiros socorros. Quando as pessoas chegavam, cobertas de sujeira, nós as lavávamos com a mangueira. Muita gente queria apenas sentar um pouco e tomar água. Eram meus clientes que estavam servindo água, oferecendo ajuda, agindo como se fossem funcionários. Estavam tristes pelo que acontecia, mas contentes por fazer parte de algo, por estar fazendo alguma coisa. Estavam ajudando.

Os clientes do BRC estavam reagindo a estímulos cerebrais que os mandavam ajudar? O cérebro nos envia mensagens para colaborarmos? Uma matéria do jornal *The New York Times* afirmou que é bem possível que seja assim. Em um artigo sobre cientistas que estudaram a atividade neural, Natalie Angier escreveu: "Por mais difícil que seja acreditar, nesta época de ganância e espadas desembainhadas, os cientistas descobriram que o pequeno ato corajoso de ajudar outra pessoa, de escolher a confiança, em vez do cinismo, a generosidade, em vez do egoísmo, faz o cérebro iluminar-se com suave alegria."

Pensamento lindo, mas para os clientes do BRC a capacidade de praticar a caridade foi um luxo de curta duração. Ao contrário de Paolo Alavian, que dispunha de recursos para continuar ajudando, ou de John Rosenwald, para quem arrecadar fundos era parte essencial de sua vida privilegiada, os desabrigados eram os que recebiam em vez de dar, eram os que pediam. Nos meses após o 11 de Setembro, Williams viu que eles se tornaram mais depressivos: pessoas que tomavam duas cervejas por dia, começaram a tomar quatro, as que fumavam maconha passaram para o *crack*.

"Há uma sensação geral de desconexão, elas se sentem pessoas apartadas dos acontecimentos", disse Williams.

Naquele dia trágico, os mendigos da Lafayette Street viramse, a partir de sua caridade, como parte da comunidade. Quase sempre ignorados ou evitados, eles, que recebiam ajuda, haviam sido convidados, por uma ruptura da ordem normal, a participar do intercâmbio humano como iguais. Haviam momentaneamente deixado de lado o anonimato imposto pelas circunstâncias e sido notados por seu bom trabalho. Uma mulher ajudada por eles, voltou, um dia, ao centro com uma bandeja de biscoitos que ela mesma fizera, não por piedade, mas por gratidão. Outros presentes haviam chegado antes, mas foram doados como esmola, não em retribuição a um favor, e a diferença é enorme.

É isso, então, o que a doação pode significar, um meio de nos envolvermos no processo de estarmos vivos, ou, tomando emprestada a expressão de Natalie Angier, de fazermos com que nosso cérebro se ilumine com suave alegria?

**8**
**RESPONSABILIDADE**

---

7
ANONIMATO

---

6
CORRUPÇÃO

---

5
LIMITES

---

4
VERGONHA

---

3
SOLICITAÇÃO

---

2
PROPORÇÃO

---

1
RELUTÂNCIA

---

*O topo da escada pertence à dádiva da auto-suficiência. Doar algo a uma pessoa, fazer-lhe um empréstimo, entrar em uma sociedade com ela ou encontrar-lhe trabalho, de modo que ela nunca mais precise voltar a pedir.*

Maimônides teria aprovado John Ford. Esse pensamento me ocorreu no meio de uma cerimônia de formatura do Bowery Residents' Center. Essas cerimônias comemoram o sucesso de clientes que completam um dos programas de treinamento do BRC. Os formandos podem ser jovens, mas em geral são de meia-idade ou velhos, que primeiro freqüentaram a escola dos golpes severos, que para eles é a vida.

As formaturas costumam ser emocionantes. Cada cliente conta a história triste e desesperadora de sua vida nas ruas, uma vida de dependência de drogas ou álcool, de períodos passados na cadeia. Quando chegam ao BRC, geralmente pertencem à categoria dos "pobres que não merecem ajuda", mas, quando se formam, ninguém pensaria isso, pelo contrário, eles seriam considerados muito merecedores, pois esforçaram-se demais para vencer seus problemas, e agora estão cheios de planos para alcançar a auto-suficiência.

A cerimônia durante a qual me sobreveio o pensamento a respeito de Maimônides era para clientes que haviam passado um ano no programa Horizons, que prepara ex-mendigos para o mercado de trabalho. Alguns saem do programa como zeladores de prédios, outros, sabendo cozinhar ou operar um computador.

John Ford, o homem carismático que dirige o programa Horizons, discursou naquela noite. Mas "discursar" não descreve o que ele faz nessas cerimônias. Ele ruge, grita, fala com o fervor de um pregador pentecostal. Mas não faz sermões. Comparece a esses eventos para elogiar, não para admoestar. Alto, esbelto, bonito, ex-jogador profissional de basquete, Ford dá uma empostação teatral a sua rica voz de barítono.

Sobressairia em qualquer salão e, naquele universo particular, é a estrela Polar. A maioria das pessoas ali reunidas provavelmente já o ouvira contar suas histórias, mas isso apenas parecia aumentar o entusiasmo. Elas aplaudiram, quando ele começou a falar com aquela cadência fluida de um pastor diante de seu rebanho:

"Esta cerimônia me lembra um pescador que quando estava indo pescar encontrou alguns mendigos que o seguiram, pedindo-lhe que lhes desse alguns peixes." Ele fez uma pausa estudada, provocando *suspense*, então, falando com um tom de voz pouco mais alto, continuou: "Os mendigos imploraram por peixes, alegando que ainda não haviam comido nada naquele dia."

Homens e mulheres na platéia moveram a cabeça afirmativamente, encorajando-o a continuar. Ford sorriu, deixando evidente que ficara satisfeito com aquela reação. Era o prazer de um ator, mesclado com a empatia de um assistente social.

"O pescador olhou-os e disse: 'Se eu lhes der peixes, sua fome ficará saciada, mas apenas por hoje'", Ford prosseguiu. Nova pausa deliberada. Então, ele voltou a falar num crescendo, encaminhando a história para o final: "Não preferem que eu os ensine a pescar, para que tenham o que comer durante toda a vida?"

Aquela era a tradicional frase-clímax, mas não era a conclusão que Ford preparara especialmente para aquela turma. Ele deixou que a moral da história fosse absorvida, então trovejou a declaração feita sob medida para a ocasião:

"E aqui eu me vejo diante de uma sala cheia de pescadores!"

A platéia enlouqueceu. Naquele momento, a sabedoria de Maimônides (e de Horatio Alger e muitos outros filósofos com o otimismo de líderes de torcida), interpretada daquele modo por John Ford, me pareceu impecável. O que poderia ser mais compensador, tanto para os participantes do programa, como para os espectadores, do que aquela demonstração de triunfo sobre a adversidade, aquela prova viva de que o trabalho árduo e a determinação podem vencer a pobreza, o vício e a má sorte?

Aqueles pescadores e pescadoras indubitavelmente estavam no topo da escada, no papel da parte que recebe. Representavam a elite dos clientes do BRC e mereciam aplauso. Mas eram uma minoria no conjunto dos extremamente carentes. A maioria dos clientes nunca alcançaria a auto-suficiência, nem chegaria à metade do caminho. Estavam empedernidos demais, mentalmente frágeis, sem ambição. Isso tornava-os indignos de ajuda?

Consideremos a pergunta do ponto de vista do doador: dar um cobertor a um mendigo é o mesmo que matá-lo?

É mais ou menos nisso que Andrew Apicella acredita, embora ele não tivesse exposto o pensamento de modo tão cru. Ele dirige o Project Outreach do BRC, o programa que ativamente incentiva os sem-teto a deixar a rua.

"Dando um cobertor, estamos fazendo com que a pessoa não seja responsável por suprir suas necessidades mais básicas", ele me disse um dia, quando estávamos rodando pela cidade em um dos furgões do BRC com duas assistentes sociais. O inverno estava rigoroso e, embora naquele dia o tempo estivesse mais ameno, dormir na rua seria não só desconfortável como até perigoso. De vez em quando, parávamos para tentar convencer algum desabrigado a ir ao BRC e experimentar um programa de desintoxicação. Os furgões do BRC rodam pelas ruas dia e noite, mas, de 20 moradores de rua abordados pelos assistentes sociais, apenas uns cinco ou seis aceitam o abrigo que lhes é oferecido. O processo é lento.

Andrew e seu chefe, Kevin Martin, contaram-me a história de Arthur Cafiero, um alcoólatra de 60 anos que morava nas ruas do Upper West Side havia mais de uma década. De acordo com as palavras de Kevin Martin, todo mundo gostava de Arthur, e isso foi sua ruína. Ele morava na escadaria de uma igreja e ficou conhecido por toda a comunidade. As pessoas davam-lhe comida e cobertores, proporcionavam-lhe uma vida bastante confortável para que ele se recusasse a aceitar a ajuda que lhe teria salvado a vida.

Ouvi tudo sentindo-me culpada, mas não disse que se o fato de se fazer o bem de modo impróprio era pecado, então era uma pecadora, com certeza.

Fazia alguns meses que eu vira David, "meu" morador de rua, e o achara mais magro, apesar da camuflagem de sua grande parca acolchoada. Ele reaparecera na esquina da mercearia, seu lugar de costume nos períodos em que ficava em nosso bairro. Eu estava com pressa, precisava mandar fazer algumas cópias xerox e depois ir ao correio. Mas parei para dizer "oi", perguntar-lhe como estava e se conseguira começar o negócio de venda de meias.

"Foi tudo por água abaixo", ele contou, pesaroso. "Problemas financeiros."

Reclamou que suas botas estavam acabando com seus pés. Olhei e vi que as botas estavam realmente em péssimo estado. Pensei nos Reebok no armário de meu marido. Às vezes, inexplicavelmente, ele comprava calçados pequenos demais, usava-os por uma semana ou duas, então encostava-os, porque, como já tinham sido usados, não podia devolvê-los. Sua última compra errada, aquele par de tênis Reebok, estava pesando em sua consciência.

— Que número você calça? — perguntei a David, vendo um jeito de resolver aquele problema.

— Quarenta e um.

— Gostaria de ganhar um par de Reebok novo em folha?

O rosto dele iluminou-se. Pedi-lhe que me esperasse na frente da mercearia, enquanto eu ia à loja de xerox e ao correio, garantindo que estaria de volta em dez minutos.

Levei mais tempo do que calculara para fazer as cópias, mas não muito. Quando virei a esquina, vi David saindo do prédio do correio.

— Estava procurando a senhora — ele explicou.

Um policial mandara-o sair da esquina, então ele fora ao correio, sabendo que eu iria para lá.

Refleti que sabia muito pouco a respeito da vida que ele levava, da andança constante a que era obrigado.

— Venha comigo — convidei.

Começamos a andar, então me dei conta de que não queria que David fosse a minha casa, embora achasse ele confiável. Mas também não queria deixá-lo exposto a mais uma advertência do policial.

— Vá me esperar no parquinho da esquina, em um dos bancos — pedi. — Não vou demorar mais do que cinco minutos, prometo.

Ele concordou e se afastou; então, comecei a andar depressa na direção de minha casa. Encontrei rapidamente os tênis no armário e verifiquei o número: 41. Pareciam saídos da loja. Coloquei os tênis em uma bonita sacola de *shopping*, pois achei importante oferecê-los da maneira certa, como um presente, e fui para o parquinho. Quando me viu, David lançou um olhar triunfante para um homem parado a alguns passos do banco onde ele se sentara; então, quando me aproximei, disse:

— Eu contei àquele cara que a senhora ia me trazer um par de tênis e ele falou que eu ia esperar à toa.

Dando-lhe a sacola, senti-me feliz, não superior nem mesmo especialmente caridosa, mas como se estivesse dando um presente a um amigo. David estendeu os braços e me abraçou. Apanhada de surpresa, abracei-o também, sabendo muito bem que meu presente não resolvera nada para ele, nem para mim, mas tampouco estava arrependida.

A escada pode transformar-se em um escorregador muito depressa. Ou eu, finalmente, aceitara o paradoxo que pode fazer parte de qualquer ato de doação?

Apresentei esta questão a John Ford em outra ocasião, numa visita que lhe fiz no escritório de onde ele dirige o programa profissionalizante Horizons. Como sempre, ele trajava um terno elegante, tinha o ar de um homem que se sentia à vontade onde quer que estivesse. Muito depressa, ficou claro para mim que aquele homem sagaz sabia muito bem qual é a distância entre pureza moral e exigências de ordem prática. Rambam também sabia: pusera o ato de conceder um empréstimo, uma variação de "ensine um homem a pescar", no mais alto nível de doação, mas oferecera o tema e também as variações sobre retidão, de modo a não desencorajar aqueles que tentavam subir a escada.

Esquecendo que eu o ouvira falar na cerimônia de formatura alguns dias antes, Ford comentou: "Eu sempre uso isso em meus discursos: 'Se você me disser que está com fome, e eu tiver um peixe, não vou lhe dar um sanduíche de peixe, mas vou ensiná-lo a pescar.' Esta é minha filosofia. Nem sempre funciona, mas é nisso que eu acredito."

Perguntei-lhe se ele dava esmola a mendigos na rua.

"Dou", Ford respondeu sem hesitação. "Eles me chamam de irmão, dizem que estão com fome, então concordo em ajudá-los. Não dou dinheiro, mas levo-os a uma mercearia ou lanchonete e compro algo para comerem. É isso o que eu faço."

Salientei que ele estava se contradizendo, e Ford respondeu que a contradição faz parte do DNA da caridade, então continuou:

"Sabe o que penso sobre a esmola? Até que ponto isso está ajudando? Até que ponto está prejudicando? Converso com os mendigos nas ruas e vejo como eles esperam receber dinheiro, alimento ou algum tipo de ajuda dos brancos, quer dizer, da estrutura do poder. Minha pergunta retórica é: se eles não forem ajudados por essas pessoas que têm poder, por acaso dirão: 'Bem, acho que agora tenho de me mexer?' Qual é a extensão do mal, quando alguém passa a depender da caridade em vez de depender de si mesmo? Esta é minha pergunta, e é uma pergunta retórica. Não sei responder com certeza. As fundações que nos dão dinheiro querem resultados. Querem, por exemplo, que digamos que os 25 mil dólares que doaram serviram para arrumar emprego para sete pessoas. Querem ver os resultados. Não querem saber quantas pessoas alimentamos, com quantas falamos na rua, ou quantas levamos para o hospital. Temos uma equipe que trabalha para trazê-las para cá. Então, fazemos com que tomem banho, com que se alimentem, e elas vão embora. Podemos voltar a vê-las, ou não. Desses mendigos, que podem entrar aqui se coçando, cheios de piolhos, que tomam um banho e comem o que lhes damos e depois vão embora, são poucos os que continuam a procurar nossa assistência. É uma porcentagem muito pequena.

Enquanto conversávamos sobre a vida dele e como suas idéias haviam se desenvolvido, vi em sua história os múltiplos ingredientes que constroem o senso de dever de um indivíduo. A razão pela qual algumas pessoas doam, e outras não, é um detalhe biográfico de grande importância, um marco significativo no mapeamento do caráter. Assim como algumas pessoas com os mesmos pais acham mais fácil esquiar ou tocar um instrumento do que seus irmãos, algumas parecem ter um senso nato de justiça, enquanto outras precisam aprender a tê-lo, e sua disposição para isso depende de circunstâncias e vontade.

John Ford é um homem refinado, que gosta de bons restaurantes e ternos elegantes, que se movimenta com facilidade nas altas e baixas rodas, entre ricos e pobres, negros e brancos. Como um homem assim decide devotar-se a ajudar pessoas, tão diferentes dele em capacidade e motivação?

Ele nasceu no Tennessee, em 1945, e tem dois irmãos. Descreve sua família, que migrou para Detroit, como típica da classe trabalhadora afro-americana. O pai era o chefe da família, e a mãe, Cleo, a governava. Ela tivera três filhos que se tornaram rapazes de estatura alta e imaginava que fossem jogar basquete e que isso os mandaria para a universidade com bolsas de estudo. Dois deles foram observados por olheiros de times profissionais. John, o filho do meio, entrou para a ABA, a associação americana de basquetebol, e jogou no Indiana Pacers.

Sua carreira na ABA durou apenas três anos, mas os benefícios foram abundantes. Ele tirou vantagem da idéia de que caridade é símbolo de *status* pela primeira vez em 1970, quando freqüentava festas elegantes em Detroit.

"Todo mundo dava festas", ele contou. "Os barões da indústria automobilística tinham de ter alguns negros e alguns jogadores de bola para que suas festas fizessem sucesso. Eu os ouvia falar de caridade e gabar-se de serem caridosos. Seria uma questão de supremacia? Não sei. Mas eles falavam muito de quanto doam em dinheiro a tal e tal causa. Nesta manhã, li que muitos fazem doações a causas que fizeram algo por eles. Muita gente faz a mesma coisa. Mas é certo? Bem, é preferível que alguém dê 100 milhões de dólares porque isso eleva sua posição na comunidade da que não dê nada.

Ford, ganhando um bom dinheiro, mas que não é quase nada, comparado à fortuna das pessoas que ele conheceu em Detroit, sentiu-se impelido a usá-lo como retribuição às pessoas que o haviam ajudado a subir. Ele usou a expressão "ajudado a subir" várias vezes, fazendo-me pensar na Escada de Rambam. Para ele, isso representava um menino pobre tentando sair de um buraco e chegar ao nível do chão.

A noção de caridade na comunidade negra era complexa, na opinião de Ford.

"Um negro pode olhar para um mendigo e dizer: 'Não tive ajuda e me saí bem. Você está sujando minha imagem, então, devia levantar-se daí, parar de estender a mão e tentar ser alguém, como eu fiz.' Esse é um ponto de vista conservador, mas é assim que muitos negros pensam, negros hostis de classe média, eu diria."

Devo ter me mostrado surpresa, porque ele explicou:

"Pergunte a qualquer mulher negra quem ela prefere encontrar na recepção de uma casa assistencial, quando vai lá em busca de alguma ajuda: uma pessoa negra ou uma branca? Ela responderá que prefere que seja uma branca, porque uma negra a olharia com desdém e a trataria como se ela fosse uma inimiga, julgando-a uma preguiçosa, que poderia muito bem tirar o traseiro da cadeira e trabalhar para suprir suas necessidades."

Disse que, no entanto, a comunidade negra é também generosa. Fazer ofertas na igreja é normal, coloca-se dinheiro direto na sacolinha, sem pensar em dedução de impostos.

"Minha mãe sempre dava um jeito de controlar o dinheiro a fim de que houvesse o suficiente para passar a semana e ainda mais algum para dar à igreja no domingo", contou. "A igreja usaria o dinheiro para alimentar pessoas e dar-lhes assistência, isso é verdade." Então, acrescentou maliciosamente: "E também para pagar o Cadillac do pastor. Mas as pessoas acham que dar à igreja é dar a Deus, uma maneira de abrir caminho para o céu. Não vêem doações de caridade da mesma forma."

Ford não foi direto das altas-rodas de Detroit para o BRC. A vida levou-o. Ele deu aulas numa escola de ensino médio, foi técnico de basquete, casou-se e teve uma filha, divorciou-se, mudou-se. Nova York tornou-se seu destino mais ou menos por acaso, porque era um lugar de que ele gostara quando jogava basquete e viajava com o time, um bom lugar para recomeçar a vida.

Mas, se quisermos brincar de psicólogos amadores, diremos que não foi por acaso que ele acabou no BRC. Dois dos irmãos Ford haviam se tornado bem-sucedidos, mas isso não aconteceu com Butch, o mais novo. No colégio, ele não foi observado por profissionais do basquete, como os irmãos, não se tornou jogador, mas motorista de caminhão, como o pai. Isso teria sido ótimo, pois Butch gostava de rodar pelas estradas, se ele não tivesse, por alguma razão, se viciado em drogas.

Com evidente tom de sofrimento na voz, Ford repetiu:

"Meu irmão mais novo é usuário de drogas. Acabei de voltar de nossa terra, aonde fui para tirá-lo de uma clínica", contou baixinho; então, seu natural senso dramático manifestou-se, e ele exclamou: "É isso mesmo! Para tirá-lo de uma clínica! Fiquei parado do lado de fora, chorando, dizendo que não ia entrar lá. Esperei meu irmão sair e, quando o avistei, vi os clientes com quem trabalho aqui e disse: 'É meu irmãozinho saindo de uma clínica.'"

Mais do que muita gente, ele compreende como pode ser longa a jornada do nível mais baixo da escada para o mais alto.

Quanto a minha jornada, percebi que talvez dure infinitamente. Afinal, Maimônides nunca parou de tratar desse assunto, até a morte, aos 69 anos. Mas *cheguei* a uma compreensão mais profunda da "grande assimetria" de Stephen Jay Gould. Agora concordo com o que ele disse: "Sistemas complexos só podem ser criados passo a passo, enquanto a destruição precisa de apenas um momento." Mesmo assim, fiquei um tanto desapontada por não ter tido uma revelação, a grande luz de uma súbita compreensão que esclarecesse tudo. A Escada de Rambam é muito mais sutil e complicada — como a própria bondade.

Um dia, porém, eu estava assistindo a um filme sobre um assunto que parece não ter nada a ver com este de que estou falando, quando descobri que sabia o que a Escada de Rambam passara a significar para mim. O filme, um documentário sobre uma das secretárias de Hitler, tinha o título *Blind Spot* (Ponto cego) e consistia quase que inteiramente em trechos de entrevistas com essa mulher, Traudl Junge, realizadas 55 anos após a morte de Hitler.

A velha senhora, que se expressava muito bem, indo buscar lembranças de suas experiências no fundo da escuridão, não parecia estar pedindo expiação ou perdão, embora, talvez, esse fosse seu desejo, enquanto ela se confrontava, perplexa, com sua cumplicidade: como pudera ter estado no ventre da besta e enxergado apenas as pequenas gentilezas que Hitler lhe fazia? Como conseguira não ver o mal tomando todo o espaço a sua volta? Ela sugeria que o bem podia ser muito contraditório, mas que o mal era ainda mais paradoxal, mais inexplicável. E falou que Hitler criara uma visão alternativa de moralidade: "Ele convenceu os alemães de que tinham uma tarefa a cumprir, de que precisavam exterminar os judeus porque eram eles que causavam todos os problemas." Então, explicou: "A idéia de que tinham de fazer um sacrifício não foi do próprio Hitler, já aparecera muito antes."

Ela contou ter lido uma entrevista com um soldado que prestara serviço em um campo de concentração. "O jornalista perguntou ao soldado se ele não sentia pena de toda aquela gente que era vítima de maus-tratos, e o homem respondeu que sim, mas que tivera de dominar a piedade, que aquele era o sacrifício que tinha de fazer pela causa maior."

Na opinião de Traudl Junge, foi isso o que aconteceu à consciência das pessoas. "Afinal, Hitler sempre dizia que ninguém precisava se preocupar, que todos só precisavam fazer o que ele mandava, que ele assumiria a responsabilidade. Como se qualquer um pudesse assumir o controle da consciência de outra pessoa. E eu acho que se pode tornar a consciência de alguém mais sensível, ou tirar-lhe a sensibilidade, manipulá-la."

As palavras da secretária me deram arrepios, mas também me fizeram pensar: se ela estava certa, e a história tem mostrado vezes sem conta que poderia estar, sua teoria poderia ser usada para o bem? Era possível tornar a conscientização um imperativo nacional, fazer com que os sacrifícios pela causa maior sejam a sensibilidade e a empatia?

Talvez não. Se é que aprendi alguma coisa, subindo e descendo a Escada de Rambam, foi que empatia não se pode obrigar, e que caridade não se deve considerar como um sacrifício. Bondade não se pode criar apenas pela vontade.

Mas pode ser instilada. Não se conseguirá isso forçando empregados a doar parte de seu salário, prometendo dar notas melhores às crianças se elas fizerem boas ações, nem perdendo tempo demais analisando se o dízimo deve ser separado antes ou depois de descontados os impostos, mas simplesmente abrindo os olhos, prestando atenção, não deixando que os "espetaculares incidentes do mal", como disse Gould, sobrepujem os atos de bondade, menos dramáticos mas muito mais profundos, que acontecem todos os dias.

Pensando novamente no ataque ao World Trade Center, lembrei-me da reação da escola de ensino fundamental de nosso bairro, em que as crianças, das janelas de suas salas de aula, assistiram à destruição. Meses depois, quando os Estados Unidos bombardearam o Afeganistão em retaliação aos terroristas, a escola organizou um baile para levantar dinheiro para uma escola afegã. Para meu filho, esse não foi um ato de caridade, mas uma transferência lógica de recursos de um país rico para um pobre, o que fez mais sentido para ele do que a violência que atingira seu mundo.

A confiança das crianças da escola de nosso bairro ecoa para mim em cada degrau da Escada de Rambam. Não podemos prever o mal ou evitar as dificuldades e aflições comuns. Mas temos uma escolha no que diz respeito a nossa reação diante do que a vida nos traz. Maimônides poderia ter sobrevivido curvando-se covardemente diante de um povo que o odiava apenas por ele ser quem era. Poderia ter passado seus dias tramando vingança. Em vez disso, devotou sua vida a convencer as pessoas de que elas tinham em si o dom de fazer melhor do que aquelas que as haviam antecedido. Passo a passo, degrau a degrau, todos nós podemos nos melhorar... e melhorar o mundo.

Isso, para mim, é o mais alto nível da doação, um antídoto contra a retórica de justiça invocada com tanta freqüência, e de maneira tão infrutífera, para legitimar a guerra e a destruição. A doação não deve ser uma ajuda prestada com atraso — o que as nações fazem para reparar os danos que causaram a outras, o que os indivíduos fazem para aliviar a culpa por seus excessos ou sua indiferença. O material de construção de cada degrau da Escada de Rambam é consciência... e consciência. Anonimato, auto-suficiência, boa vontade, tato para não causar vergonha: essas idéias, todas elas, pedem que reconheçamos que temos em comum a condição humana. Elas nos lembram que, no fim, não somos avaliados pelo que temos, mas pelo que damos uns aos outros.

# Material Adicional

# OS OITO DEGRAUS DA CARIDADE

O que segue é a versão original de A Escada da Caridade de Maimônides, como traduzida por Isaac Klein, em *The Code of Maimonides, Book 7: The Book of Agriculture.*

## O OITAVO DEGRAU DA CARIDADE

Existem oito degraus de caridade, um superior ao outro. O mais alto, o último, é aquele em que alguém ergue pela mão um israelita reduzido à pobreza, fazendo-lhe um empréstimo, uma doação, entrando em uma sociedade com ele ou arrumando-lhe trabalho, de modo que ele se levante e não precise continuar mendigando. Com referência a isso, as Escrituras dizem: "Então, o sustentarás e, como estrangeiro e peregrino, ele viverá contigo" (Levítico, 25:35), o que significa sustentar o pobre para que ele não volte a passar necessidade.

## O SÉTIMO DEGRAU DA CARIDADE

Nesse degrau mais baixo está o que dá esmolas aos pobres sem querer saber a quem está dando e de uma maneira que os pobres não sabem quem fez a doação. Isso constitui o cumprimento de um dever religioso, por simples amor ao dever, e para esse tipo de caridade existia no templo uma Câmara de Segredos, onde os justos deixavam suas contribuições secretamente, e de onde os pobres de boas famílias tiravam seu sustento com igual sigilo. Oculto dos pobres estava aquele que contribuía diretamente para o fundo de caridade.

Não se devia, entretanto, contribuir diretamente para o fundo de caridade até que se soubesse que a pessoa dele encarregada era de confiança, um Sábio que lidava com as contribuições de modo adequado, como era o caso do rabino Hananiah ben Teradion.

## O SEXTO DEGRAU DA CARIDADE

Nesse degrau mais baixo está aquele que sabe a quem está doando, enquanto o pobre não sabe de quem está recebendo. Assim, ele é como um dos grandes Sábios que costumavam depositar dinheiro secretamente nas portas dos pobres. Esse é um modo certo de doar, e deve ser preferido, se uma pessoa encarregada de lidar com as doações não estiver se conduzindo como deveria.

## O QUINTO DEGRAU DA CARIDADE

Nesse degrau mais baixo está o caso em que o pobre sabe de quem está recebendo, mas o doador não sabe a quem está doando. Assim, o doador é como um dos grandes Sábios que punham dinheiro na dobra de um lençol que levavam às costas, de modo que os pobres se aproximassem por trás deles e pegassem o dinheiro sem expor-se à humilhação.

## O QUARTO DEGRAU DA CARIDADE

Nesse degrau mais baixo está aquele que ajuda um pobre antes que ele lhe peça.

## O TERCEIRO DEGRAU DA CARIDADE

Nesse degrau mais baixo está aquele que ajuda um pobre só depois que ele lhe pede.

## O SEGUNDO DEGRAU DA CARIDADE

Nesse degrau mais baixo está aquele que dá ao pobre menos do que seria apropriado, mas o faz com um rosto sorridente.

## O PRIMEIRO DEGRAU DA CARIDADE

Nesse degrau mais baixo está aquele que dá esmolas com o rosto carrancudo.

# NOTAS SOBRE O TEXTO

## INTRODUÇÃO

Página 12
*A Time of Gifts* (Uma época de doações), por Stephen Jay Gould em *The New York Times*, 26 de setembro de 2001

Página 13
Detalhes da biografia de Maimônides estão bem documentados no livro de Ilil Arbel, *Maimonides: A Spiritual Biography* (Maimônides, uma biografia espiritual), (Nova York: Crossroad, 2001) e no de Abraham Joshua Heschel, *Maimonides: a Biography* (Nova York: Farrar, Straus and Giroux, 1982).

Página 13
Treatise II: Gifts to the Poor, em *The Code of Maimonides, Book 7: The Book of Agriculture* (Tratado II: Dádivas aos pobres, em O código de Maimônides, Livro 7: O livro da agricultura), de Moses Maimônides, tradução do hebraico de Isaac Klein, Yale Judaica Series (New Haven: Yale University Press, 1979), 91-93.

Página 19
Contribuições a grandes organizações: Center of Philanthropy, Indiana University, *Giving USA 2002* (Os Estados Unidos que doam), (Indianápolis: AAFRC Trust for Philanthropy, 2002).

Página 20
"Larry Neumeister, Ex-Sotheby's Chairman Gets Year in Prison, $7.5 million Fine" (Larry Neumeister, ex-presidente da Sotheby: um ano de prisão e multa de 7,5 milhões de dólares) *Boston Globe*, 22 de abril de 2002

Página 21
Estatísticas de doações feitas por fundações no *site* do Foundation Center, com dados atualizados sobre fundações e doações: http://fdncenter.org. "Foundation Gifts Rose 18% in 2000, New Report Says" (Doações de fundações cresceram 18% em 2002, diz o novo demonstrativo), *Chronicle of Philanthropy*, 26 de julho de 2001. "Bill's Biggest Bet Yet" (A maior aposta de Bill), artigo de Geoffrey Cowley, Tom Masland e Anne Underwood, *Newsweek*, 4 de fevereiro de 2002. Center of Philanthropy at Indiana University, *Giving USA 2002*. "Perils of Corporate Philanthropy" (Perigos da filantropia corporativa), Ronald Alsop, *The Wall Street Journal*, 16 de janeiro de 2002.

## RELUTÂNCIA

Páginas 29-30
As experiências conduzidas na Cornell University foram relatadas no *Journal of Personality and Social Psychology* 79, nº 6. Informações adicionais vieram de Roger Segelken, "CU Researchers' Study Shows Americans Aren't as Nice as They Think" (Estudo de pesquisadores da Cornell University mostra que os americanos não são tão bondosos quanto pensam), *Cornell Chronicle*, 29 de março de 2001.

Página 33
Notas escolares como incentivo: "Grading Charity" (Caridade por Notas) de Randy Cohen, *The New York Times Magazine*, 6 de abril de 2003.

Página 34
Os números foram extraídos do relatório anual de 2002 da Citigroup.

## PROPORÇÃO

Página 41
*Buffett: The Making of an American Capitalist* (Buffett: A criação de um capitalista americano) (Nova York: The Random House, 1995). O Sr. Buffett e a esposa agora doam dinheiro, mas suas doações são uma porcentagem muito pequena do que eles têm.

Página 41
Doações de adultos nos Estados Unidos: Center of Philanthropy at Indiana University, *Giving USA 2002.*

Página 42
*Maimonides: A Spiritual Biography,* Ilil Arbel (Nova York: Crossroad, 2001), 98.

Página 45
"Billions in Charity Money Could be Saved, Study Says" (Estudo mostra que poderiam ser poupados bilhões do dinheiro doado para beneficência), Stephanie Strom, em *The New York Times*, 10 de maio de 2003.

Página 45
Dados do século XX: *The New Nonprofit Almanac and Desk Reference* (O novo almanaque de organizações sem fins lucrativos e de referências (San Francisco: Jossey-Bass, 2002).

Página 45
http://www.forbes.com/home/2002/02/28/billionaires.htlm

Página 46
As estatísticas foram extraídas de "Number of People Living in Poverty Increases in U.S." (Número de pessoas vivendo na pobreza aumenta nos Estados Unidos), Robert Pear, *The New York Times*, 25 de setembro de 2002.

Página 46
Organization for Economic Co-operation and Development, ver http://www.orcd.org e http://www.globalissues.org

Página 48
"The Psychology of Being Powerless" (A psicologia de ser fraco), Paul Goodman, *The New York Review of Books*, 3 de novembro de 1966.

Página 50
*Zoom*: Nickelodeon, o canal infantil a cabo, propriedade da Viacom International Inc., tem um programa similar, *The Big Help*, que encorajou cerca de 40 milhões de crianças a dedicar mais de 383 milhões de horas a trabalho voluntário, entre 1994 e 2001.

## SOLICITAÇÃO

Página 57
Treatise II: Gifts to the Poor, em *The Code of Maimonides, Book 7: The Book of Agriculture*, de Moses Maimônides, tradução do hebraico de Isaac Klein, Yale Judaica Series (New Haven: Yale University Press, 1979), 90-91.

Página 60
"Food Sharing in Vampire Bats" (Partilha de alimento entre morcegos-vampiros), Gerald Wilknson, *Scientific American*, fevereiro de 1990, 80.

Página 61
Citação de Maimônides em "Meditations", *Gates of Repentance: The New Union Prayerbook for the Days of Awe* (Portões de arrependimento: o livro de orações da Nova União para os dias de reverência), Chaim Stern, ed. (Nova York: Central Conference of American Rabbis, 1978), 7.

Página 61
*Maimonides: A Spiritual Biography*, Ilil Arbel (Nova York: Crossroad, 2001).

Página 62
"Poster Boy" (Garoto-propaganda): Anthony DePalma, "Giving when 'Rosie' Asks, New York's Elite Can't Say No" (Doar quando "Rosie" pede, a elite de Nova York não pode dizer não), *The New York Times*, 20 de novembro de 2000.

Página 64
*Site* do Rotary International:
http://www.rotary.org/aboutrotary/history/earlyyears.html

## VERGONHA

Página 72
*Forty Hadith of an-Nawawi* (Quarenta ensinamentos de an-Nawawi), por an-Nawawi, tradução para o inglês de Ezzeddin Ibrahim e Denys Johnson-Davies (Cambridge, Inglaterra: Islamic Texts Society, 1997).

Página 72
Treatise II: Gifts to the Poor, em *The Code of Maimonides, Book 7: The Book of Agriculture*, de Moses Maimônides, tradução do hebraico de Isaac Klein, Yale Judaica Series (New Haven: Yale University Press, 1979), 91-93.

Página 73
Gertrude Himmelfarb: entrevista em "Learning from Victorian Virtues" (Aprendendo com as virtudes vitorianas), *Religion and Liberty* (Religião e liberdade) 5, nº 4, e Gertrude Himmelfarb, *The Demoralization of Society: From Victorian Virtues to Modern Values* (A desmoralização da sociedade: das virtudes vitorianas para os valores modernos) (Nova York: Knopf, 1995).

Páginas 73-74
Citação de Maimônides em "Meditations", *Gates of Repentance: The New Union Prayerbook for the Days of Awe*, Chaim Stern, ed. (Nova York: Central Conference of American Rabbis, 1978), 7.

Página 74
"Why the U.S. Will Always be Rich" (Por que os Estados Unidos sempre serão ricos), David Brooks, *The New York Times Magazine*, 9 de junho de 2002.

## LIMITES

Páginas 87-88
*Ética prática*, Peter Singer (São Paulo: Martins Fontes, 2002) (Nova York: Cambridge University Press, 1993).

Página 89
"Generosity versus Altruism: Philanthropy and Charity in the United States and UK" (Generosidade *versus* altruísmo: filantropia e caridade nos Estados Unidos e no Reino Unido), Civil Society Working Paper Series, Centre for Civil Society (Londres: London School of Economics. 2002). Ver também: Center on Philanthropy at Indiana University, *Giving USA 2002*.

## CORRUPÇÃO

Página 100
*The House That Love Built* (A casa que o amor construiu), Lorraine Hale (Nova York: Hale House, 1991).

Página 101
"Charity Begins at Home for Hale House; Millions went to Fund-Raising, not Kids" (A caridade começa em casa para a Hale House; milhões de dólares foram para a criação de fundos, não de crianças), *New York Daily News*, 18 de abril de 2001. Ver também, de Nina Bernstein, "Officials Overlooked Dire Signs at Charity" (As autoridades ignoraram os maus sinais na caridade), *The New York Times*, 7 de fevereiro de 2002

Página 102
"The Early Civil Rights Movement, Set to Music" (O início do movimento pelos direitos civis, com música), *The New York Times*, 22 de julho de 1994.

Página 102
"Lorraine Hale's $1.3M Slush Fund; Hidden Cash, Insurance Payoff are Discovered in Probe" (O enlameado fundo de 1,3 milhão de dólares de Lorraine Hale, dinheiro escondido e suborno de seguro são descobertos em investigação), Heidi Evans e Dave Saltonstall, *New York Daily News*, 8 de agosto de 2001.

Página 103
Declarações pela Internet: para mais informações, ver GuideStar, a marca registrada da Philanthropic Research Inc., uma organização sem fins lucrativos: http://www.guidestar.org

Página 104
Taubman: ver o arquivo de pesquisas do *site* do *Detroit News*: http://www.detnews.com

Página 105
Um artigo que explica com detalhes a situação da Holy Land Foundation é "Holy Land Foundation Allegedly Mixed Charity Money With

Funds for Bombers" (A Holy Land Foundation supostamente misturou dinheiro para caridade com fundos para bombardeios), *The Wall Street Journal*, 27 de fevereiro de 2002. Ver também "Muslin Charity's Lawsuit Raises 'Distressing' Issues, Judge Says" (Processo sobre caridade muçulmana ergue questões "perturbadoras", declara juiz), *The Washington Post*, 23 de abril de 2002.

Página 107
*The Code of Maimonides* (O código de Maimônides), por Moses Maimônides, tradução para o inglês de Isaac Klein, Yale Judaica Series (New Haven: Yale University Press, 1979).

Páginas 108-109
"A Tax Break Prompts Millionaires' Mad Dash to Create Foundations" (Uma suspensão de impostos incita milionários a uma corrida louca para criar fundações), de Mônica Langley, *The Wall Street Journal*, 27 de janeiro de 1997. Também de Mônica Langley: "You Don't Have to Be a Rockefeller to Set Up Your Own Foundation" (Você não precisa ser um Rockefeller para criar sua própria fundação), *The Wall Street Journal*, 12 de fevereiro de 1998.

## ANONIMATO

Página 115
*Maimonides: A Spiritual Biography*, Ilil Arbel (Nova York - Crossroad, 2001), 168.

Páginas 118-119
"The Boston Area Diary Study and the Moral Citizenship of Care" (Pesquisa diária na região de Boston e a cidadania moral da assistência), *Voluntas: International Journal of Voluntary and Nonprofit Organizations* 13, nº 1 (março de 2002): 47-71.

Página 122
"Mayor Donates 'Strike Bike' to an Ailing Boy in Brooklyn" (Prefeito doa bicicleta a um garoto doente do Brooklyn), por Clifford J. Levy em *The New York Times*, 26 de dezembro de 2002.

Página 128
"Why We´re so Nice: We're Wired to Cooperate" (Por que somos tão bondosos: somos ordenados a cooperar), por Natalie Angier em *The New York Times*, 23 de julho de 2002.

## RESPONSABILIDADE

Página 140
"A Time of Gifts" (Uma época de doações), por Stephen Jay Gould em *The New York Times*, 26 de setembro de 2001.

# NOTA BIBLIOGRÁFICA

Para esta pesquisa, examinei um amplo leque de diferentes aspectos do altruísmo, inclusive genética, evolução, comportamento animal, ética, psicologia moral, literatura de ficção, política assistencial, ciência política, sistema tributário, trabalho voluntário, filantropia, pobreza ao redor do mundo e religião. Minhas fontes foram periódicos acadêmicos, documentos, jornais, revistas variadas, Internet, anúncios, entrevistas e livros.

Dos muitos livros interessantes e úteis que li, os que me ajudaram particularmente foram: *Giving: Charity and Philanthropy in History*, de Robert H. Bremmer (New Brunswick, N.J.: Transaction, 1994); *O gene egoísta* (Belo Horizonte: Itatiaia, 2001), de Richard Dawkins; *The Limits of Altruism: An Ecologist's View of Survival*, de Garret Hardin (Bloomington: Indiana University Press, 1977); *Virtues and Vices and Other Essays in Moral Philosophy*, de Philippa Foot (Berkeley: University of California Press, 1978); *The Charity Racket*, 1ª ed., de Robert A. Liston (Nashville: University of Tennessee Press, 1977); *The Burden of Bad Ideas: How Modern Intellectuals Misshape our Society*, de Heather MacDonald (Chicago: Dee, 2000); *What Makes Charity Work? A Century of Public and Private Philanthropy*, de Myro Magnet (Chicago: University of Chicago Press, 2000); *Elementos de filosofia moral*, de James Rachels (Lisboa: Gadiva, 2004); *The Good Samaritan and the Law*, de James M. Ratcliffe (Garden City, NY: Anchor, 1966); *Ética prática*, de Peter Singer

(São Paulo: Martins Fontes, 2002); *Altruism, Sympathy and Helping-Psychological and Sociological Principles*, de Lauren Wispe (Nova York: Academic Press, 1978).

Muitos textos sobre moderna filantropia foram de grande utilidade, mas os mais interessantes para os leitores em geral acredito que sejam o de Ron Chernow, *Titan: The Life of John D. Rockefeller, Sr.* (Nova York: Random House, 1998), e o de Roger Lowenstein, *Buffett: The Making of an American Capitalist* (Nova York: Random House, 1995). Para discussão sobre a situação da moderna filantropia, os trabalhos de pesquisas do Boston College Social Welfare Research Institute são de valor inestimável.

Embora muitos livros sobre Maimônides tenham sido de grande ajuda no decorrer de minha pesquisa e da criação deste livro, três foram especialmente úteis por suas informações: *Maimonides: A Guide for Today's Perplexed*, de Kenneth Seeskin (West Orange, NJ: Behrman, 1991); *Maimonides: A Biography*, de Abraham Joshua Heschel (Nova York: Farrar, Straus and Giroux, 1982), e *Maimonides: A Spiritual Biography*, de Ilil Arbel (Nova York: Crossroad, 2001). Um importante texto a ser citado é o texto original de "A Escada da Caridade de Maimônides", traduzido por Isaac Klein e incluído em *The Code of Maimonides, Book 7: The Book of Agriculture*, de Moses Maimônides (New Haven: Yale University Press, 1979). Outro trabalho de Maimônides que merece ser mencionado é *O guia dos perplexos* (Landy Editora). Também de interesse são as idéias de outros estudiosos cujo trabalho é freqüentemente mencionado em conexão com o pensamento de Maimônides: Averróis, Tomás de Aquino, com *Suma teológica*, e Aristóteles, com *Ética a Nicômaco*, Livro 8.

# AGRADECIMENTOS

Tive muita ajuda, enquanto tentava resumir um assunto tão extenso em um pequeno livro. Meu maior golpe de sorte talvez tenha sido eu conhecer a brilhante Natasha Randall, que se tornou uma inigualável assistente no trabalho de pesquisa, uma inestimável auxiliar, cujas reações eu usava para testar a ressonância de minhas idéias.

Muitas pessoas foram generosas, dando-me de seu tempo, seus *insights*, suas histórias. Meus profundos agradecimentos a todos aqueles cujos comentários e experiências aparecem neste livro. Houve muitos outros que também me deram importante orientação, e eu gostaria de expressar especial gratidão a: rabino Ayelet Cohen, Noelle Hannon, Richard Heffner, Maren Imhoff, Peter Johnson, Sharon King, rabino Sharon Kleinbaum, rabino Chava Koster, Laura Landro, Linda Levi, Mary Lindsay, Joan Malin, Muzzy Rosenblatt, Richard Salomon, Richard Shulman, David Tobis.

Agradeço a amigos e colegas que apoiaram minha paixão pelo assunto e ofereceram vários tipos de inspiração, especialmente: Megan Barnett, David Blum, Bobby Cohen, George Colt, John Darnton, Madeline DeLone, Baby Jane Dexter, Steven Erlanger, Anne Fadiman, Monica Gregory, Trish Hall, Elaine Heffner, Risa Jaroslow, Barry Kramer, Sara Krulwich, Wendy Miller, Lynn Paltrow, Andrew Tatarsky, Veronica Windholz. Sou continuamente guiada pela lembrança de minha querida amiga Conny Jean Frisch e de meu primo Jeffrey Salaway.

Aprendi que as instituições também podem inspirar uma filosofia de doação, e sou grata pela ligação de minha família com a Public School 3, a New York City Lab School, a Greenwich House Music School, ao Village Temple, e envio um agradecimento especial a Cantor Chere Campbell e Anita Hollander.

Como sempre, fui mantida no rumo pelos conselhos — invariavelmente bons e animadores — da incomparável Kathy Robbins e de sua maravilhosa equipe, a que sou grata, em particular a David Halpern e Sandy Bontemps.

Graças a minha família, eu sempre soube do que são feitas as almas generosas. Meu falecido pai, Alexander Salamon, minha mãe e meu padrasto, Lilly e Arthur Salcman, mostraram-me em primeira mão que o sofrimento pode ser transformado em empatia e entusiasmo pela vida. Minha irmã, Suzanne Salamon, e o marido, Alan Einhorn, reforçaram esses valores na geração seguinte. Quanto a minha pequena prole, Roxie e Eli, e a meu marido, Bill Abrams, seus corações ternos e abertos lembram-me a cada dia qual é o sentido da vida.

Por fim, minha gratidão a Susan Bolotin e a todos da Workman, que me ajudaram a produzir este livro. Susan perguntou-me se eu gostaria de explorar este assunto, então contribuiu com sua sabedoria, sua inteligência viva e bom senso para o processo editorial. Ela tem sido uma companheira maravilhosa nesta jornada.

Este livro foi composto na tipologia Aldine BT, em corpo 11/14,
impresso em papel off-white 80g/m$^2$, no Sistema Cameron
da Divisão Gráfica da Distribuidora Record.